经济管理理论与实践创新研究

付宁宁　张　娜　肖　娜◎著

中国商业出版社

图书在版编目（CIP）数据

经济管理理论与实践创新研究 / 付宁宁，张娜，肖娜著 . -- 北京：中国商业出版社，2023.12
ISBN 978-7-5208-2856-7

Ⅰ. ①经… Ⅱ. ①付… ②张… ③肖… Ⅲ. ①经济管理 – 理论研究 Ⅳ. ① F2

中国国家版本馆 CIP 数据核字（2023）第 241838 号

责任编辑：滕　耘

中国商业出版社出版发行
（www.zgsycb.com　100053　北京广安门内报国寺 1 号）
总编室：010-63180647　编辑室：010-83118925
发行部：010-83120835/8286
新华书店经销
济南圣德宝印业有限公司印刷
*
710 毫米 ×1000 毫米　16 开　8.25 印张　140 千字
2023 年 12 月第 1 版　2023 年 12 月第 1 次印刷

定价：60.00 元

****

（如有印装质量问题可更换）

前言

QIANYAN

随着社会的发展，经济与科技水平不断提升，市场竞争也越演越烈。在市场经济体制下，传统的管理模式已满足不了当前社会与企业的发展需求，要想让企业健康发展，就需要根据实际情况对管理模式进行创新与改进，从根本上实现社会经济的可持续发展。所以，必须要求新的管理模式符合当前的发展趋势，以推进我国社会经济的发展。

本书首先对经济与管理、经济学与管理学、经济管理的相关概念进行论述；其次，对宏观经济管理与调控、微观经济管理创新视角进行分析和研究；最后，对多元视角下企业经济管理实践与创新进行研究和论述。全书内容丰富，旨在为经济管理理论创新与实践探寻一条新的路径，为新时代国民经济管理理论创新提供有价值的参考。

本书在编写过程中参考了大量相关的资料和文献，获益匪浅，在此向所有作者表示衷心的感谢。限于学术水平和时间有限，书中难免存在纰漏或不妥之处，恳请广大读者批评指正，我们不胜感激。

著　者

2023 年 9 月

目录

MULU

第一章　绪　论

第二章　经济管理的基本理论

第三章　宏观经济管理与调控

第四章　微观经济管理创新视角

第五章　多元视角下企业经济管理实践与创新

第一章 绪 论

第一节 经济与管理

一、经济

（一）经济的概念

“经济”这个词来源于希腊语，最早见于古希腊色诺芬的《经济论》一书，是指对家庭事务的管理。在古希腊，经济是取得生活所必要的并且对家庭和国家有用的具有使用价值的物品的方法。在西方，随着自然经济发展到商品经济，“经济”一词便超出了对家庭事务管理的范围。在我国古代，“经”是指经营国家事务，“济”是指救济人民生活，“经济”一词的原意是指“经邦济世”“经国济民”。随着社会的不断进步，“经济”一词在汉语中的含义变得更加广泛。

经济是人类社会存在的物质基础，是构建人类社会并维系人类社会运行的必要条件。在不同的语言环境中，“经济”一词有不同的含义。它既可以指一个国家的宏观的国民经济，也可以指一个家庭的收入和支出。“经济”作为名词时，可以指社会物质生产和再生产活动；作为动词时，可以指治理国家。

（二）资源和资源的稀缺性

一般认为，经济学是为解决资源稀缺性问题而产生的。因此，经济学的研究对象就是由资源稀缺性而引起的选择问题，即资源配置问题。

1. 资源

资源，也叫生产资源、生产要素，通常包括劳动、土地、矿藏、森林、水域等自然资源，以及由这两种原始生产要素生产出来再用于生产过程的资本财货，一般把它分为经济物品（即国民财产）和自由物品（即自然资源）。生产经济物品的资源既包括经过人类劳动生产出来的经济物品，也包括大自然形成的自由物品。在经济学里，一般认为资源包括资本、土地、劳动和企业家才能四种要素。土地和劳动这两种生产要素又被称为原始生产要素或第一级的生产要素。其中，土地泛指各种自然资源。由以上两种原始生产要素生产出来的产品，除去直接用来满足人的消费需求以外，再投入生产过程中的则称为中间产品。

2. 资源的稀缺性

在现实生活中，人们需求的满足绝大多数是依靠经济物品来完成的，相对于人的欲望来说，经济物品或生产这些经济物品的资源总是不足的，这种相对有限性就是资源的稀缺性。由于物品和资源是稀缺的，所以社会必须有效地加以利用，这是经济学的核心思想。理解资源稀缺性这一概念时，要注意以下三点。

（1）必要性。经济学研究的问题是由于资源稀缺性的存在而产生的，没有资源稀缺性就没有经济学研究的必要性。例如，在农业生产中，需要解决的主要经济问题是如何通过合理配置和利用土地、种子、机械设备、劳动力等稀缺资源，使之与自然界中的空气、阳光等自由物品相结合，生产出更多的产品，满足人类社会不断增长的物质和文化生活的需要。

（2）相对性。资源稀缺性强调的不是资源绝对数量的多少，而是相对于人类社会需求的无限性而言的资源的有限性。从这一点来理解，资源的稀缺性是一个相对的概念，它产生于人类对欲望的满足和资源的不足之间的矛盾。某种资源的绝对数量可能很多，但人们所需要的更多；某些资源的数量是相对固定的，如土地，而人类的欲望和需求是会无限增长的，随着人类社会的发展，土地资源的稀缺性会表现得越来越突出。

（3）永恒性。对于人类社会来说，资源稀缺性的存在是一个永恒的问题。除泛在性的自然资源外，其他资源都是稀缺资源，任何人、任何社会都无法摆脱资源的稀缺性。资源稀缺性的存在是人类社会必须面对的基本事实。随着社会发展以及生产和生活条件不断提高，人类的需求会不断增长，同时，自由物品也会逐渐变成经济物品。需求的无限性是人类社会前进的动力，人类永远都要为满足自己不断产生的需求而努力。

（三）资源配置问题和资源利用问题

1. 资源配置问题

人类的欲望具有无限性和层次性特点，但在一定时期内，人的欲望又具有相对固定性，而且有轻重缓急之分。例如，人们首先会满足自身生存相关的基本需求，此时其他的需求都退居次要地位。那么，在资源有限的条件下，如何用有限的物品和服务在有限的时间内去满足最重要、最迫切的欲望呢？怎样使用有限的相对稀缺的生产资源来满足多样化的需求是一个经济问题，要求人们必须对如何使用稀缺资源作出选择。所谓选择，就是如何利用既定的有限的资源去生产尽可能多的经济物品，以便最大限度地满足自身的各种需求。

选择是经济学中首先要解决的问题，它涉及机会成本和资源配置问题。机会成本是作出决策时所放弃的其他多项选择中的潜在收益最高的那一项目的潜在收益。机会成本是经济活动中人们面临权衡取舍时的基本准则，也是一种经济思维方式。

2. 资源利用问题

在一个社会资源既定和生产技术水平不变的情况下，人类的生产情况主要有三种。第一种情况是现实生活中稀缺的资源和经济物品没有得到合理的利用，存在着资源浪费现象；第二种情况是稀缺的资源和经济物品得到了合理的利用；第三种情况是既定的稀缺资源得到了充分利用，生产出了更多的产品。于是，在资源配置方式既定的前提下，又引申出了资源利用问题。

资源利用就是人类社会如何更好地利用现有的稀缺资源，使之生产出更多的经济物品和服务。

（四）经济制度

资源配置和资源利用的运行机制就是经济制度。当前世界上解决资源配置与资源利用的经济制度基本有以下三种。

1. 计划经济制度

在计划经济制度下，生产资料归国家所有，靠政府的指令性计划或指导性计划来作出有关生产和分配的所有重大决策，即通过中央的指令性计划或指导性计划来决定生产什么、如何生产和为谁生产。简言之，在这种经济制度下，政府像管理一个大企业那样管理一个国家的经济运行。在生产力不发达的情况下，计划经济制度有其必然性和优越性,它可以集中有限的资源实现既定的经济发展目标。但在生产力越来越发达之后，管理就会出现困难，漏洞也会越来越多，计划经济制度就无法有效地进行资源配置了。计划经济是政府通过它的资源所有权和实施经济政策的权力来解决基本的经济问题的。按劳分配是计划经济制度条件下个人消费品分配的基本原则，是计划经济制度在分配领域的实现形式。

2. 市场经济制度

市场经济是指通过市场配置社会资源的经济形式。市场经济制度包含价格、市场、盈亏、激励等一整套机制，通过市场上价格的调节来决定生产什么、生产多少、如何生产和为谁生产。生产者生产什么产品取决于消费者的需求，如何生产取决于不同生产者之间的竞争。在市场竞争中，生产成本低、效率高的生产方法必然取代成本高、效率低的生产方法。为谁生产是分配问题，市场经济中分配的原则是按劳动要素分配，是按照资金、技术、管理等进行的分配，目的是更好地促进生产力的进一步发展。市场经济的运转是靠市场价格机制的调节来实现的，从总体上看比计划经济效率高，更有利于经济发展。但市场经济制度也不是万能的，它也存在缺陷，比如会有“市场失灵”的现象。

3. 混合经济制度

纯粹的计划经济制度和市场经济制度都各有其利弊，所以现实中许多国家的经济制度大都是一种混合的经济制度，总是以一种经济制度为主、以另一种经济制度为辅。所谓混合经济制度，就是指市场经济制度与计划经济制度不同程度地结合在一起的一种资源配置制度。它是既带有市场成分，又有指令或指导成分的经济制度；经济问题的解决既依赖于市场价格机制，又有政府的调控和管制。

二、管理

（一）管理的概念

管理的概念从不同的角度和背景，可以有不同的解释。管理的概念是组成管理学理论的基本内容，明晰管理的概念也是理解管理问题和研究管理学最起码的要求。从字面上来看，可以将管理简单地理解为“管辖”和“处理”，即对一定范围内的人员及事务进行安排和处理。从词义上，管理通常被解释为主持或负责某项工作。人们在日常生活中对管理的理解也是这样，是在这个意义上去应用“管理”这个词的。自从有了集体协作劳动，就开始有了管理活动。在漫长而重复的管理活动中，管理思想逐步形成。

管理这一概念有多重含义，例如有广义和狭义之分，在不同的时代、不同的社会制度和不同的专业下，对管理的理解也是不同的。生产方式的社会化程度不断提高，人类的认知领域在不断扩大，人们对管理现象的理解也在逐步深化。长期以来，许多中外学者从不同的研究角度出发，对管理作出了不同的解释，因此，到目前为止，管理还没有一个统一的定义。

一般而言，管理可以从以下几个角度来理解：管理的目的是有效地实现组织的目标；管理的手段是计划、组织、协调、领导、控制和创新等活动；管理的本质是协调，即利用上述手段来协调人力、物力、财力等方面的资源；管理的对象是人力资源、物力资源、财力资源和各项职能活动；管理的性质是人的有目的的社会活动。

（二）管理的属性

管理的属性是指管理既是科学也是艺术。一个成功的管理者必须具备这两方面的知识。管理的知识体系是一门科学，有明确的概念、范畴和普遍原理、原则等。管理作为实践活动是一门艺术，是管理者在认识客观规律的基础上灵活处理问题的一种创新能力和技巧。管理是科学性与艺术性的统一。

首先，管理是一门科学，它是以反映管理客观规律的管理理论和方法为指导，有一套分析问题、解决问题的科学方法论。管理利用严格的方法来收集数据，并对数据进行分类和测量，建立一些假设，然后通过验证这些假设来探索未知的东西，所以说管理科学是一门科学。管理是一门科学，要求人们在社会实践中必须遵循客观规律，运用管理原理与原则，在理论的指导下进行管理工作。管理已形成了一套较为完整的知识体系，完全具备科学的特点，反映了管理过程的客观规律性。如果不承认管理是一门科学，不按照经济规律办事，违反管理的原理与原则，就会遭到规律的惩罚。

其次，管理是一门艺术。艺术没有统一模式，也没有最佳模式，会因人而异、因事而异。管理者要搞好管理工作，必须努力学习科学管理知识，并用以指导管理工作，在实践中不断提高管理水平。管理是合理、充分地运用一系列已有知识的一门艺术。管理是艺术在于管理最终是管人，没有人就没有管理，但人不是标准统一的零件和机器，人是有思维和感情的，管理必须因人、因事、因时、因地，灵活多变、创造性地去运用管理的技术与方法。世界上没有两个同样的人，世界上也没有两个同样的企业。因此，管理永远具有艺术性。

（三）管理的两重性

任何社会生产都是在一定的生产关系下进行的。管理，从最基本的意义来看，一是指挥劳动，二是监督劳动。由于生产过程具有两重性，既是物质资料的再生产过程，又是生产关系的再生产过程。因此，对生产过程进行的管理也就存在着两重性，一是与生产力、社会化大生产相联系的管理的自然属性，二是与生产关系、社会制度相联系的管理的社会属性。这就是管理的二重性，也是管理的性质。

1. 自然属性

自然属性是管理与生产力、社会化大生产相联系而体现出的性质，这由共同劳动的性质所决定，是合理组织生产力的一般职能。这与生产关系、社会制度无关，是我们要引进和学习的部分，这部分体现在管理理论、方法与技术方面，是管理学的共性。

2. 社会属性

社会属性是管理与生产关系、社会制度相联系而体现出的性质。这由生产关系的性质和社会制度所决定，是维护和完善生产关系的职能，也是管理学的个性。

研究管理的二重性，一是有助于正确吸收和借鉴国外先进管理理论和管理方法，二是有助于总结和吸收我国古代管理思想的精华，三是有助于对我国当前管理实践的考察与研究。

（四）管理的职能

从18、19世纪开始，一些经济学家就已经提出了管理的一些职能。例如，萨伊强调计划职能的重要性，而经济学的集大成者马歇尔也持有这种观点。这一时期，管理职能的提出都是片面的，是针对某一方面的。最早系统地提出管理职能的学者是法国的亨利・法约尔，他认为管理具有计划、组织、指挥、协调和控制五个职能，即“五职能说”。后来又有很多学者提出了不同的观点，如“三职能说”“四职能说”“七职能说”“九职能说”等。总的来看，管理职能汇总起来大致有计划、组织、指挥、协调、控制、激励、人事、调配资源、沟通、决策、创新等。目前，管理学界最为广泛接受的是将管理分为计划、组织、领导和控制四项基本职能。

1. 计划职能

计划就是根据组织内部和外部环境的要求，来确定组织未来发展目标以及实现目标的方式。计划职能是指安排和规划未来的活动，是管理的首要职能。在开展一项活动之前，必须提前设计活动的内容和步骤，包括预测分析环境、制定决策等。计划可以分为制订计划、执行计划和检查计划三个步骤。

2. 组织职能

组织职能是指为达到组织目标，对所需的各种业务活动进行组合与分类，授予各类业务主管人员必要职权，加强与各方工作关系的协调。组织职能包括设置必要的机构、划分各个职能机构的具体职责、确定人员、明确各级领导的责权、制定规章制度等。组织职能中要处理好两层关系，一是管理层次和管理宽度之间的关系，二是正式组织和非正式组织之间的关系。

3. 领导职能

领导职能是指在已经确定了组织目标和组织结构的前提下，管理者怎样带领成员实现组织目标。领导职能包括激励成员、对成员的活动进行指导、解决成员的问题等。

4. 控制职能

控制职能就是按既定的目标和标准，对组织的各种活动进行监督、检查，及时纠正执行偏差，使工作能按照计划进行，或适当调整计划以确保计划目标的实现。控制是重要的，因为任何组织、任何活动都需要控制，而控制也是管理职能中最后的一环。

（五）管理的重要性

管理活动自古有之。长期以来，人们在不断的实践中认识到管理的重要性。20 世纪以来的管理运动和管理热潮取得了令人瞩目的成果，成果之一就是形成了较为完整的管理理论体系。

管理是促进现代社会文明发展的三大支柱之一，它与科学和技术三足鼎立。有学者认为，管理是促成社会经济发展的最基本的关键因素。曾有人指出，先进的科学技术与先进的管理是推动现代社会发展的“两个轮子”，二者缺一不可。这些都表明管理在现代社会中占有重要地位。

经济的发展需要依托于丰富的资源和先进的生产技术，但同样需要组织经济的能力，也就是管理能力。从这个层面上来看，管理即为一种资源，是“第三生产力”。先进的技术，要有先进的管理与之相适应，否则落后的管理就不能使先进的技术得到充分发挥。管理在现代社会发展中起着极为重要的作用。

三、经济与管理的关系

经济与管理是相互联系的，所有的经济活动中都含有管理活动，所有的管理活动都是在一定的经济规律指导下进行的。经济与管理都有自己的客观规律。与自然规律一样，在一定的社会历史条件下的经济规律、管理规律，也具有自己的客观性。人们既不能消灭也不能创造与制定这些经济规律、管理规律，任何管理活动都必须遵循这些规律，按照规律的要求办事，否则就要受到规律的惩罚。

（一）管理与经济效益

经济利益是推动企业发展和员工发展的动力源泉，经济效益是检验企业管理绩效的重要指标。如何使两者得到兼顾与协调，是经济管理中一个重要问题。

1. 管理与利益驱动

经济利益是物质利益的统称，是指在一定的社会经济形式下，人们为了满足需求所获得的社会劳动成果。经济关系能够通过经济利益体现出来，经济利益是人们从事社会生产活动和其他社会活动的物质动因，从根本上说，人们为了获得自己生存所需要的物质、文化、生活资料，即物质利益，必须进行管理活动，有效的管理才能实现社会经济利益。

在获得物质利益和个人利益的过程中，一个人的管理能力起到主要作用，其中个人的素质是首要条件。在很多情况下，个人利益可以等同于社会利益，但在一些特殊的情况下，不能将二者等同起来。个人利益要服务于社会利益时，或者说需要管理者能够自觉地以社会利益去约束自己的个人利益时，管理者的素质高低将起到关键作用。加强管理者素质教育与培养，不是完全忽视个人利益，而是使管理者了解人们的利益驱动来进行管理，实现个人利益和社会利益的统一。

2. 管理与经济效益

经济效益是指经济活动中劳动占用、劳动耗费与劳动成果之间的对比关系。经济效益的高低与管理的成败有很大关系。如果企业管理规范，就会在生产同等成果的条件下，减少生产中的劳动占用和劳动耗费；或在劳动占用和劳动耗费相同的条件下，多生产一些劳动成果。

经济效益的高低能够反映出管理水平的优劣。企业的经济效益是衡量企业管理水平的重要尺度。根据实际的市场需求，使用先进的技术，降低生产成本，不断完善企业管理和提高管理水平的企业，一般都会产生好的经济效益。

（二）经济规律指导下的管理活动

管理和经济在现实中是不可分割的，不讲经济的管理与不讲管理的经济将是无法想象的。

1. 经济活动中的管理活动

任何一种经济活动都需要有人去管理，没有管理的经济活动是不存在的。早期色诺芬根据自己亲自经营和管理庄园的经验写成的《经济论》一书，提出了经济与管理的一致性观点。该书首先提出了经济管理的研究对象，即如何让优秀的主人管理好自己的财产，这是确定管理者的问题；该书明确提出了管理的中心任务，即使原来的财富不断得到增值，这是管理目标问题，也是经济研究的核心问题；该书提出对驯服的奴隶给予较好的待遇，认识到管理要因人而异；该书还分析了社会分工的重要作用，这是后来管理学上有关组织问题的萌芽。到了20世纪二三十年代，在管理理论大发展时期，管理理论广泛地吸收了经济学、人际关系学等方面的知识,从而产生了微观经济意义上的管理和宏观经济意义上的管理。

从某种意义上说，企业经营的状况和变化，都是经济规律制约下一定管理行为的结果。有什么样的管理，就会有什么样的经济状况；一定的经济状况，又反映了管理活动的相应水平，这是经济规律制约下管理活动的普遍规律。在社会主义市场经济条件下，微观经济意义上的厂商管理和家庭管理都是在追求利润或效用最大化，企业要按照自主经营、自负盈亏、依靠市场导向进行管理，其管理水平直接影响经济实体的经济效益、竞争力和兴衰存亡。宏观经济意义上的管理是指在自觉掌握和运用社会发展、经济发展客观规律的前提下对整个社会以及国民经济的性质、任务、特点、条件等进行估量分析以及科学的预测，制定社会和国民经济的发展方针、计划、目标、政策和制度，确定其发展的根本原则和方法。宏观管理一般包括广义的社会管理、经济管理、信息与发展的管理以及对其各自领域的管理，对中观管理和微观管理起引领、指导的作用。如果没有科学的宏观管理，整个经济环境不好，企业的经济活动也将无法正常实施。宏观经济意义上的管理最主要体现在国民经济管理上，国民经济管理是广泛运用社会科学、自然科学、技术科学等多学科知识，研究宏观经济运行规律及其管理机制，它主要研究对国民经济进行科学的决策、规划、调控、监督和组织，以保证整个国民经济的有效运行，主要包括消费需求管理、投资需求管理、经济增长调控、产业结构转换与产业组织优化、区域经济管理、涉外经济管理、收入分配调控与社会保障等。

由此可见，在人类历史的长河中，管理活动和经济活动历来就像一对无法分离的“亲兄弟”，更明白地说，任何一种管理活动都是经济活动中的管理活动。

2. 管理活动中的经济规律

在现实的经济生活中，任何管理活动都必须遵循客观的社会规律、经济规律和社会心理规律等。其中，经济管理活动必须在经济规律的指导下进行。经济规律是指在商品生产、服务和消费等过程中各种复杂的经济联系与现象的规律性。经济规律是经济现象和经济过程内在的、本质的、必然的联系和关系。比如，供求规律就是指市场上的商品价格由商品供求状况来作出决定的规律，供求双方或其中任何一方的变动，都会引起商品价格的变动，这个规律是客观存在的。企业管理者在投资、生产、销售、定价等过程中，就必须掌握和应用经济规律，因为经济规律是客观存在的，是不以人们的意志为转移的。尊重经济规律，是每一个管理工作者应有的科学态度，人们可以认识和利用经济规律，但不能无视经济规律，凡是不按照经济规律办事的做法，不管当时的动机如何，最终都不可避免地要受到经济规律的处罚。

（三）利润（效用）最大化目标下的管理活动

1. 利润最大化目标下的企业管理活动

企业是经济研究的对象，也是管理研究的对象。企业是营利性的经济组织，实现利润最大化是每一个企业最重要的经营目标。利润最大化表现为成本既定情况下的产量最大，或产量既定情况下的成本最小。企业追求利润最大化是在管理科学、规范的条件下实现的。企业管理规范、科学，才能获得较高的利润，才能为消费者提供更多更好的商品，才有能力研制新的产品，才能向国家提供更多的税金，才能使员工得到更多的收入，企业才有可能获得更好的发展，它是企业生存和发展的必要条件。因此，在环境、技术、设备、资金、主业情况基本相同的情况下，管理的科学化将在实现利润最大化的过程中发挥重要作用。

企业的科学管理需要做到以下三点。

一是拓宽市场，提高产品的竞争力，根据市场需求组织生产，以获得最大的经济效益。

二是加强经济核算，降低产品的生产成本。利润是产品收益和产品的生产成本之间的差额，产品的生产成本越低，获得的利润越高。

三是发展生产，扩大生产规模。产品的生产成本会受到生产规模的影响，扩大生产规模能够降低单位产品的生产成本，提高利润。

2. 效用最大化目标下的个人管理活动

每个人每天都涉及管理问题，如一天中时间如何管理与分配才能够完成更多的事情，手中的钱如何管理才能够升值。可以说，每个人每天都要就如何配置稀缺的时间和钱作出无数个选择。当个人在平衡各种各样的需求与欲望时，就是在作出决定自己生活方式的各种选择和决策。个人是在效用最大化的条件下来作出管理决策的。效用最大化是经济学研究的主要问题，也就是说个人是在效用最大化目标下从事个人理财和时间管理等活动的。

（四）不同体制下的管理活动

如前所述，资源配置和资源利用的运行机制就是经济制度。如何配置和利用资源，在不同的经济制度下，有不同的管理方式。从人类发展的历史来看，主要有分散型管理、团队型管理和混合型管理三种。

纵观经济发展史可以看出，个人是经济活动的最初决策者，这些个人对自己物品的管理以及个人所从事的活动，都可以称为分散型管理。分散型管理的优点是管理主体能够对自己的劳动资源进行很好的控制，独立的决策权能够保障决策主体的动力。但分散型管理也有一定的缺点，由于个人能力的限制，决策失误的概率较大；分散型管理势必会加大交易费用，使决策成本增加。

团队型管理是对资源进行配置的另一种极端方式，即生产什么、如何生产和为谁生产等问题全部由团队讨论决定。与分散型管理相比，团队型管理能够汇集大量的信息，使决策信息更加全面和准确，这是分散型管理不具备的；团队型管理能够集中多个人的智慧，避免个人的主观片面性。但团队型管理的时效差，反复磋商讨论会延误决策时机；团队型管理的人员较多，管理成本必然变高；团队型管理往往会导致无人负责或推卸责任的情况发生。

在现实生活中，经常见到的是分散型管理与团队型管理相结合的混合型管理。

在企业生产经营中，决策权、人权、财权、最终决定权往往要采取团队型管理，而一些执行权、业务权等往往采取分散型管理。

四、现代管理的基本原理

（一）系统原理

所谓系统，就是由相互作用和相互依赖的若干部分（要素或子系统）结合而成的、具有特定功能的并处于一定环境中的有机集合体。系统是普遍存在的，从不同的角度划分，系统可分为不同的类型。

任何管理对象都是一个特定的系统。现代管理的每一个基本要素都不是孤立的，它既在自己的系统之内，又与其他系统发生各种形式的联系。为了达到现代科学管理的优化目的，必须对管理进行充分的系统分析。这就是现代管理的系统原理。运用系统原理研究管理问题，必须明确：系统由哪些要素组成；系统内外部之间的作用方式和联系方式；系统及其要素具有的功能；系统的生产、发展过程对现存系统的影响，以及发展的趋势；维持、完善与发展系统的源泉和因素；完善系统功能的途径。

管理的决策和措施就是建立在系统分析基础之上的，其中特别重要的是要把握好系统的四个特性，即目的性、整体性、层次性和环境适应性。

（二）人本原理

所谓人本原理，就是指一切管理活动均应以调动人的积极性，做好人的工作为根本。在我国社会主义现代化建设中，必须遵循人本管理原理，从保护人的根本利益出发，尊重人的合理意愿，维护人的基本权益，促进人的全面发展，采取各种有效措施，把各级各类管理人员和所有劳动者的积极性、主动性与创造性充分调动起来，才能实现我们的奋斗目标。因此，一是要建立适宜的体制；二是要创造良好的环境；三是要树立正确的人才观，积极促进人才流动。

（三）责任原理

在管理活动中，要在合理分工的基础上明确规定每个部门和个人必须完成的工作任务并承担相应的责任，同时要处理好责任、权力、利益之间的关系。管理过程就是追求责任、权力、利益统一的过程。责任、权力、利益就像一个等边三角形的三个边，是同等重要的；能力则是这个等边三角形的高。在实际管理中，能力常常略小于责任，从而使工作更富有挑战性。这样，管理者的能力与其所承担的职责相比，常有能力不够的感觉，会产生一种压力，从而促使管理者加强学习，不断学习新知识，并且可以发挥参谋、智囊的作用。使用权力时，会做到谨慎小心，工作本身就是工作的一种动力。当然，能力不能过小，以免承担不起职责所需要的能力。也有人认为，对于高层次管理人员而言，应是能力略大于职责；而对于中低层管理人员而言，能力常表现为略小于职责。

（四）效益原理

管理活动的出发点和归宿，在于利用最小的投入或消耗，创造出更多、更好的效益，进而对社会作出贡献。效益包括效率和有用性两方面，前者是量的概念，反映耗费与产出的数量比；后者属于质的概念，反映产出的实际意义。效益表现为量与质的综合，社会效益与经济效益的统一，其核心是价值。

效益原理强调千方百计地追求管理的更多价值。追求的方式不同，所创造的价值也不同，一般表现为下列情况：耗费不变而效益增加，耗费减少而效益不变，效益的增加大于耗费的增加，耗费大大减少而效益大大增加。显然，最后一种是最理想的目标。为了实现理想的管理效益，必须大力加强科学预测，提高决策的正确性，优化系统要素和结构，深化调控和评价，强化管理功能。

（五）创新原理

创新是组织要根据内外环境发展的态势，在有效继承的前提下对传统的管理进行改革、改造和发展，使管理得以提高和完善的过程。创新原理是对现有事物构成要素进行新的组合或分解，是在现有事物基础上的进步或发展，是在现有事物基础上的发明或创造。创新原理是人们从事创新实践的理论基础和行动指南。创新虽有大小、高低层次之分，但无领域、范围之限。只要能科学地掌握和运用创新的原理、规律与方法，人人都能创新，事事都能创新，处处都能创新，时时都能创新。

（六）可持续发展原理

可持续发展既不是单指经济发展或社会发展，也不是单指生态持续，而是指以人为中心的自然—经济—社会复合系统的可持续发展。可持续发展是能动地调控自然—经济—社会复合系统，使人类在没有超越资源与环境承载能力的条件下，促进经济发展、保持资源永续和提高生活质量。可持续发展没有绝对的标准，因为人类社会的发展是没有止境的。它反映的是复合系统的动作状态和总体趋势。可持续发展包括生态持续、经济持续和社会持续，它们之间互相关联、不可分割。孤立追求经济持续必然导致经济崩溃，孤立追求生态持续并不能遏制全球环境的衰退。生态持续是基础，经济持续是条件，社会持续是目的。人类共同追求的应该是自然—经济—社会复合系统的持续、稳定、健康发展。

（七）动力原理

所谓动力原理，就是指管理必须有很强大的动力，而且只有正确运用动力，才能使管理持续而有效地运行。

管理的动力大致有三类，即物质动力、精神动力和信息动力。物质动力是管理中最根本、最重要的动力，是通过利用人们对物质利益的追求，对经济活动实施管理；精神动力，就是用精神的力量来激发人的积极性、主动性和创造性；信息动力，就是通过信息的交流所产生的动力。

现代管理中正确运用动力原理应注意把握三点：一是要综合、协调运用各种动力；二是要正确认识和处理个体动力与集体动力之间的辩证关系；三是要在运用动力原理时，要重视“刺激量”这个概念。

第二节　经济学与管理学的基本内容

随着商品经济的发展和社会分工的深化，人类经济管理活动的内容越来越复杂和丰富，专业化程度越来越高，部门分化越来越细；同时，各种经济管理活动之间、经济活动与其他社会活动之间也越来越相互依存、相互渗透。为了适应这种现实经济情况的发展，经济管理的研究范围越来越宽泛，研究的内容也越来越庞杂。

一、经济学的基本内容

在传统上，理论经济学也叫一般经济理论，可分为微观经济学和宏观经济学两部分。微观经济学主要是分析市场经济中单个经济单位的经济行为，即生产者和消费者的经济行为。宏观经济学主要研究国民经济，分析国民收入、物价水平等总量的决定和变动。微观经济学和宏观经济学紧密相连，宏观经济学是建立在微观经济学的基础上的，二者是个体与整体的关系，是互相补充的，所以要理解宏观经济学的理论和政策，就必须了解微观经济学的理论和政策。

（一）微观经济学

1. 微观经济学的含义

微观经济学借助于研究个体经济单位的经济行为，来分析现代经济社会市场机制的运行和作用以及改善这种运行的途径。微观经济学将价格分析作为其分析核心。因此，微观经济学也叫作价格理论。

2. 微观经济学的要点

微观经济学的核心问题是价格机制如何解决资源配置问题，在理解微观经济学时要注意以下四项内容。

（1）研究的对象。微观经济学研究的对象主体是居民与厂商。居民又称为居民户或家庭，是经济活动中的消费者，同时也是劳动力、资本等要素的提供者。在微观经济学中，假设居民户经济行为的目标是追求效用最大化，即研究居民户在收入既定的条件下，使用既定收入购买商品，购买多少商品能实现最大程度的满足。厂商又称企业，是经济活动中的生产者，同时也是劳动力、资本等要素的消费者。在微观经济学中，假设厂商经济行为的目标是追求利润最大化，即研究厂商在成本费用既定的条件下，如何实现产量最大化，或在产量既定的条件下，如何实现成本最小化。

（2）中心理论。价格理论是微观经济学的中心理论。在市场经济中，价格被称为“看不见的手”。它能够对生产者和消费者的经济行为进行引导与支配。生产者生产什么产品、如何生产这些产品都由价格决定。价格调节着社会资源的配置，使资源配置更加合理。价格理论是微观经济学的核心内容，决定价格水平的是需求和供给两个因素。需求是消费者行为理论研究的，供给是厂商行为理论研究的，二者就像剪刀的两个刀片共同决定了支点，即均衡价格。

（3）解决的问题。微观经济学解决的问题是资源配置的问题。微观经济学以资源利用为前提条件，来研究居民户和厂商的资源配置问题，从而使资源配置达到最优化，给社会带来最大的福利。

（4）研究方法。微观经济学的研究方法是个量分析。微观经济学研究的都是某种产品的产量、价格等个量的决定、变动和相互间的关系，而不涉及总量的研究。

3. 微观经济学的主要内容

（1）厂商行为理论。厂商行为理论也叫生产者行为理论，主要是分析厂商怎样在产品生产方面使用有限的稀缺资源，实现利润最大化。厂商行为理论包括生产理论、成本收益理论和市场结构理论。

（2）消费者行为理论。消费者行为理论研究消费者如何把有限的收入分配到各种物品和服务的消费上，以实现效用的最大化，解决生产什么和生产多少的问题。

（3）价格理论。价格理论也称为均衡价格理论，主要研究产品的价格是如何决定的以及价格如何调节整个经济的运行。

（4）收入分配理论。收入分配理论研究生产出来的产品按照什么原则来分配，也就是研究生产要素的报酬是如何决定的，即工资、利息、地租和利润是如何决定的。解决为谁生产的问题。

（5）市场失灵与政府干预。市场机制不是万能的，市场失灵和政府干预主要研究市场失灵产生的原因、解决办法以及政府干预的必要性。

4. 微观经济学的三个基本假定

任何一个理论的成立都是有一定前提条件的。微观经济学理论也是以一定的

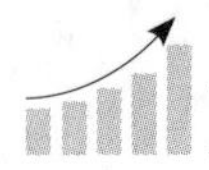

假设作为前提条件的。微观经济学理论中有许多假设条件，以下是三个基本假定条件。

（1）市场出清。市场出清假设是指在充分利用社会资源的情况下，借助于价格波动调节社会资源配置，使市场实现充分就业。出清的市场中不存在定量配给、资源闲置、超额供给和超额需求。灵活的产品价格能够平衡市场需求和市场供给，使社会资源得到充分利用，消除资源闲置和资源浪费。也就是在价格可以灵活升降的前提下市场能够实现就业供求平衡。

（2）完全理性。微观经济学假定生产者和消费者的经济行为是理性的，消费者为使自己得到满足将自己的收入用于消费，即追求效用最大化。与消费者不同，生产者一般追求利润最大化。在微观经济学中，消费者和生产者的个体最优化行为往往会发挥关键作用。消费者和生产者的最优化行为能够使社会资源配置实现最优化，完全理性的价格调节是整个社会的资源配置实现最优化的前提。

（3）完全信息。完全信息指市场上每一个从事经济活动的个体（买者和卖者）拥有的对于某种经济环境状态的全部知识。在消费者方面，完全信息是指消费者在对自己想要购买的产品的功能、价格和使用感受完全掌握。

（二）宏观经济学

1. 宏观经济学的含义

宏观经济学是将资源配置作为前提研究国民经济，借助于分析经济中的总体问题和有关经济总量的决定及其变化，揭示怎样充分利用社会资源。其中，总体问题包括失业、通货膨胀、经济波动、利率的变动等。

2. 宏观经济学的要点

（1）研究的对象。宏观经济学将国民经济作为研究对象，分析国民经济规律和国民经济的运行方式，对经济问题进行整体分析。它不研究经济中的单个主体，即居民户和厂商的行为，而是研究由居民户和厂商组成的整体。

（2）中心理论。宏观经济学围绕着国民收入的决定这一中心分析资源利用问题，进而分析国民经济的运行。宏观经济学借助于国民收入理论回答通货膨胀、经济波动、经济周期等问题。

（3）解决的问题。宏观经济学解决的问题主要是资源利用。宏观经济学以资源配置为前提条件来研究资源是充分利用了还是闲置了、通货膨胀对购买力产生的影响如何、经济增长的途径是什么等宏观经济问题。

（4）研究方法。总量分析是宏观经济学的研究方法。宏观经济学研究个量的总和与平均量的决定、变动及其相互关系，然后借助于总量的变动揭示经济政策的决定理由和国民经济的运行状况。

3. 宏观经济学的主要内容

（1）宏观经济政策理论。宏观经济政策是国家干预经济的具体措施，主要包括政策目标、政策工具和政策效应。

（2）国民收入理论。国民收入是衡量资源利用情况和整个国民经济运行情况的基本指标。国民收入理论是从总供给层面和总需求层面研究国民收入的决定及其变动的，它包括国民收入核算体系和国民收入决定理论。

（3）经济周期与经济增长理论。经济周期理论是研究国民收入的短期波动，而经济增长理论则是研究国民收入的长期增长趋势。

（4）失业和通货膨胀理论。宏观经济学从有效需求不足的角度来分析失业，并且把失业与通货膨胀理论联系起来，分析二者的原因、相互关系以及解决途径。

4. 宏观经济学的基本假定

（1）市场失灵。完全竞争的市场结构是市场机制发挥作用的前提，但在现实生活中由于公共物品、外部性、垄断和信息不对称等的存在，导致市场机制无法达到最优的资源配置。这种假定是政府干预经济的前提。

（2）政府有能力调节经济，矫正市场经济的缺陷。市场失灵只是为政府干预经济提供了前提，但政府究竟能不能解决市场失灵问题，还得看政府有没有这个能力。宏观经济学假设政府有能力调节经济，有能力矫正市场经济的缺陷，并能达到最优化的资源配置。

（三）微观经济学与宏观经济学的关系

虽然微观经济学和宏观经济学在诸多方面有所区别，如微观经济学主要研究消费者和生产者的经济行为，宏观经济学是研究经济运行中的总量，二者之间在研究的对象、解决的问题、中心理论和研究方法上有所区别，但它们作为经济学的重要组成部分，又是互为补充、互为前提、相互联系的两个分支学科。

首先，微观经济学和宏观经济学互为补充。经济学以实现社会福利最大化为目的。微观经济学和宏观经济学的目的都是借助于指导人们的经济活动使资源配置得到最优化和有效利用，进而实现社会福利最大化。为实现这一目标，既要使社会资源得到最优化的配置，又要使社会资源得到充分利用。微观经济学与宏观经济学分别解决资源配置与资源利用问题，从不同方面实现社会福利最大化。因此，微观经济学和宏观经济学是互为补充的。

其次，微观经济学是宏观经济学的基础，宏观经济学是微观经济学的自然扩展。经济状况是个别经济单位的行为的总和。微观经济学主要分析生产者和消费者的经济行为，也就是分析个别经济单位的经济行为；宏观经济学分析整体经济。因此，微观经济学是宏观经济学的基础。经济学家已经对这一点达成了共识，但对于宏观经济学怎样将微观经济学作为基础这一问题，不同学派的经济学家有不同的观点，至今未能达成共识。

再次，微观经济学和宏观经济学都将市场经济制度作为背景。不同的经济体制下运行的不同的经济有不同的规律。经济学要将一定的经济制度作为背景，经济学总离不开一定的经济制度。微观经济学和宏观经济学都属于市场经济体制下的经济学，研究市场经济体制下的经济规律和经济调控。市场经济体制是微观经济学和宏观经济学的共同背景。微观经济学和宏观经济学都是在市场经济的大前提下研究经济问题的。微观经济学和宏观经济学在研究经济现象和经济问题时要将市场经济体制作为制度背景。

最后，微观经济学和宏观经济学都使用实证分析法，都属于实证经济学。微观经济学和宏观经济学都要揭示经济现象的内在规律，即解决客观经济现象是什么的问题，而不涉及应该是什么的问题。经济学的科学化即为经济学的实证化，使分析的问题脱离价值判断，分析经济现象之间的关系是微观经济学和宏观经济学的共同目的。

二、管理学的基本内容

（一）管理学的研究对象

管理学的研究对象包括生产力、生产关系、上层建筑三个方面，具体内容如下。

1. 生产力

对于生产力的研究主要是如何合理组织生产力，即怎样对组织中的人力、物力等资源进行合理配置，使生产要素的作用得到充分发挥，以使组织目标和社会目标得到统一。因此，管理学需要研究的问题是如何规划、组织、协调和控制这些资源，以使生产力得到充分的发展。

2. 生产关系

对于生产关系的研究主要是如何完善生产关系，即研究怎样处理好组织中人与人的关系，特别是管理者与被管理者之间的关系；研究怎样建立组织机构、怎样使组织机构的设立更加完善，怎样使人员安排和管理体制更加完善；研究怎样提高组织成员的积极性和创造性，怎样使组织成员为实现组织目标而服务。

3. 上层建筑

对于上层建筑的研究主要是如何适时调整上层建筑，即研究怎样使组织的内部环境适应组织的外部环境；研究组织的规章制度怎样和社会的上层建筑保持一致；研究怎样制定能够适应市场经济发展秩序的规章制度，以促进生产的发展。

（二）管理学的研究内容

1. 管理理论的产生和发展

管理理论的产生和发展是管理学的一项研究内容，管理理论和管理思想的形成与发展过程是管理学从理论发展到实践的过程。分析与研究管理理论的产生和发展是为了继承管理理论并使现代管理理论不断发展。研究管理理论的产生和发展能够使我们对管理学的发展历程有更好的理解。

2. 现代管理的基本原理

管理的基本原理是指具有普遍性的基本管理规律。这些管理规律是对管理的实质及其基本运动规律的表述，如制订计划、制定决策、设计组织等。这些活动都要在基本原理的理论上进行，这些基本原理是管理活动都需要遵循的原理。

3. 管理方法

对于实现管理目标来说，管理方法必不可少。对于管理学的研究内容来说，管理方法同样是必不可少的部分。通常来讲，能够帮助我们实现管理目标的手段和技术等都属于管理方法。管理方法主要包括经济方法、行政方法和法律方法等管理技术与手段。

4. 管理者及其行为

管理者是管理活动的主体。管理活动的成功与否与管理者有很大关系。管理者的能力素质、领导方式、领导行为等决定着管理活动的成败。

5. 分类管理学理论与方法

管理学是一门综合性交叉学科，包含多个学科的理论和方法，同时又与实践活动密切相关。因此，管理学的内容十分复杂。当研究某个部门的管理活动时，往往需要研究企业管理、科技管理、教育管理、卫生事业管理、国际贸易管理、公共行政管理等方面。

第三节　经济管理的基本知识

一、经济管理思想的演化

（一）早期管理思想

我国的各个历史发展时期，都蕴含着丰富的管理思想。许多管理思想散见于各种古籍中，是先于西方几百年甚至上千年提出来的，许多管理思想至今还具有借鉴意义。但是由于当时的社会生产力水平较低，尽管一些杰出的思想家提出了一些重要的管理思想，却都未能形成系统的管理理论体系。

18 世纪 60 年代以后，西方国家开始进行产业革命。此后，一些著名的人物陆续提出了一些重要的管理思想。例如，亚当·斯密提出了劳动分工理论和“经济人”的观点；罗伯特·欧文提出了重视人的因素的观点；查尔斯·巴贝奇对作业方法进行了研究，提出了按照对生产率贡献大小来确定报酬的制度。

（二）古典管理思想

古典管理思想大约产生于 19 世纪末到 1930 年之间，以泰罗和法约尔等人的思想为代表。

泰罗是科学管理理论的创始人，在资本主义管理史上，他被称为“科学管理之父”。泰罗科学管理理论的主要内容集中体现在作业管理和组织管理方面。在作业管理方面，泰罗有三项管理方法：第一，制定科学的工作方法；第二，科学地选择和培训工人；第三，实行刺激性的差别计件工资制。在组织管理方面，泰罗也制定了三项管理方法：第一，把计划职能和执行职能分开，设立专业计划部门，按照科学的规律制订计划、管理企业；第二，实行职能工长制；第三，利用例外原则进行管理控制。

法约尔的管理思想主要体现在以下三点。第一，法约尔认为，经营和管理是两个不同的概念。经营是指导或引导一个整体趋向一个目标，它包括技术、商业、财务、安全、会计、管理六项活动。管理只是经营活动中的一项，管理活动又包括五个要素或五个职能，即计划、组织、指挥、协调和控制。第二，法约尔在长期的管理实践中总结出了有名的“法约尔法则”，即大企业的下级阶层和小型企业以及初级企业的经理需要的最重要的能力是技术能力，中等规模以上的企业的经理和大企业的车间主任以上的管理人员需要的最重要的能力是管理能力。第三，法约尔总结了十三项一般管理原则：劳动分工、权力和责任、纪律、统一指挥、统一领导、个人利益服从整体利益、人员的集中、等级制度、秩序、公平、人员的稳定、首创精神、人员的团结。

（三）中期管理思想

中期管理思想产生于 1930 年到 1945 年，以梅奥和巴纳德等人的思想为代表。

梅奥是人群关系理论的代表人物。人群关系理论的主要内容可总结为以下三点。第一，工人是复杂的社会系统的成员，他们不仅是“经济人”，更是“社会人”，不仅有经济动机，更有社会和心理方面的需要，因此，必须注意从社会和心理方面寻找提高工人积极性的办法。第二，企业中存在着非正式组织，管理者只重视正式组织是不够的，还要充分认识到非正式组织的作用，注意在正式组织的效率逻辑与非正式组织的感情逻辑之间搞好平衡，以便充分发挥每个人的作用，提高劳动生产率。第三，生产效率的高低主要取决于工人的工作态度，即士气，士气越高生产效益也就越高，管理者要通过对工人满足度的提高来激励工人的士气。

巴纳德是组织理论的代表人物。他认为，组织是一个系统，在组织内，主管人是最重要的因素，只有依靠主管人的协调，才能维持一个“努力合作”系统；组织的存在要有三个基本条件，即明确的目标、协作的意愿和意见的交流；要使组织存在和发展，必须符合组织效力和组织效益原则。

（四）现代管理思想

现代管理思想产生于1945年以后。这一时期管理思想非常活跃，出现了一系列管理学派，这里主要介绍行为科学学派、决策理论学派、经验主义学派和权变理论学派。

行为科学学派的代表人物主要有亚伯拉罕·马斯洛、弗雷德里克·赫茨伯格、道格拉斯·麦格雷戈等。马斯洛提出了需求层次理论。他认为，人的需求有五个层次：生理需求、安全需求、社交需求、尊重需求、自我实现需求。赫茨伯格提出了双因素论。他认为，影响工作动机的因素主要有两类：一类是外部因素，如基本工资、工作安全以及周围关系等，这些因素一般不构成强烈激励，因此也叫保健因素；另一类是内在因素，包括工作本身、成就、晋升等，这类因素是满足个人发展或自我价值实现的因素，因而是真正的激励因素。麦格雷戈则提出了X–Y理论。

决策理论学派的代表人物是赫伯特·西蒙。该学派认为，管理的关键在于决策。因此管理必须采取一套制定决策的科学方法。决策理论的主要论点是：决策是一个复杂的过程，根据决策的性质可以把它们分为程序化决策和非程序化决策，根据令人满意的准则进行决策。组织设计的任务就是建立一种制定决策的人机系统。

经验主义学派的代表人物主要是戴尔和杜拉克。该学派认为，管理学就是研究管理经验的，通过对管理中成功经验和失误的研究，就能认识问题和理解问题，就能学会进行有效的管理。以这一思想为基点，该学派主张从企业管理的实际出发，特别是以大企业的管理经验与案例为主要研究对象，对其进行概括和理论化，从而向企业管理人员提供实际的建议。

权变理论学派的主要代表人物有弗雷德·卢桑斯和弗雷德·菲德勒。该学派认为，在管理中要根据组织所处的内外环境变化而随机应变，针对不同情况采用相宜的管理模式与方法，没有一成不变的、普遍适用的、最好的管理模式和方法。

二、经济管理的职能

（一）明确政府经济管理职能的范围

只有明确了政府经济管理职能的范围，政府在管理经济时才能明确“哪些可为，哪些不可为”。经济职能是行政管理最重要的职能，经济职能作为上层建筑必然要为经济基础服务。政府的大量工作是对国家经济进行管理，包括合理配置资源、保持经济均衡发展、提高国力、促进社会进步、改善民生等。我国的政府管理经济的职能，主要是制定和执行宏观调控政策，搞好基础设施建设，创造良好的经济发展环境。同时，要培育市场体系，监督市场运行和维护平等竞争，调节社会分配和组织社会保障，控制人口增长，保护自然资源和生态环境。管理国有资产经营，实现国家的经济和社会发展目标。政府运用经济、法律和必要的行政手段管理国民经济，不直接干预企业的生产经营活动。明确政府管理经济职能的范围是政府高效能管理经济、促进经济发展的前提条件。

1. 预测职能

经济预测，就是对客观经济过程的变化趋势所作出的预料、估计和推测。经济预测是经济决策和经济计划的科学前提，是正确认识经济环境及其变化的必要条件，是提高经济效益的必要保证。经济预测应遵循的原则有系统性原则、连续性原则、类推原则。经济预测的一般程序和步骤是：确定预测的目的和任务；收集和分析有关资料；选择预测方法，进行预测计算；对预测结果进行评定和鉴别。经济预测的方法主要有两类，一是定性分析预测法，二是定量分析预测法。

2. 决策职能

经济决策，是指人们在经济管理活动中，对未来经济和社会发展目标、发展规划、行动方案、改革策略和重大措施等所作出的选择和决定。经济决策的程序是：调查研究，提出问题；确定目标，拟订方案；方案评估，择优决断；实施决策，追踪反馈。经济决策具有重要的意义和作用，它是经济管理的核心内容，决定着不同层次、不同范畴的经济活动的发展方向；经济决策贯穿了经济管理的整个过程；决策的正确与否，决定着经济建设的成败和经济效益的高低；经济决策对社会政治和人们的心理也会产生重大影响。

3. 计划职能

经济计划，是指人们按照经济的内在联系，对未来经济活动的发展过程所做的具体安排与部署。经济计划在我国的经济管理活动中仍具有重要的作用。我国的社会主义计划体系是由经济发展计划、社会发展计划和科学技术发展计划等多种计划系列所组成的。经济管理的计划职能是指根据组织的内外部环境并结合自身的实际情况，制定合理的总体战略和发展目标，通过工作计划将组织战略和目标逐层展开，形成分工明确、协调有序的战略实施和资源分配方案。其步骤是：选定目标；确定前提条件；发掘可行方案；评估方案；选定方案；拟订辅助计划；进行相应的预算，用预算使计划数字化；执行计划。经济计划的原则包括长期计划、中期计划与短期计划相结合，稳定性与灵活性相结合，可行性与创造性相结合，量力而行与留有余地相结合。

4. 控制职能

经济控制，是指为了保证决策目标的实现和计划的完成，而对经济活动过程进行检查、监督和调节的管理活动。经济控制必须具备三个前提条件，即控制要围绕目标、控制要按标准进行、控制要有组织机构。经济控制按不同的标准可分为不同的类别。例如，按控制的系统关系，可分为自力控制和他力控制；按控制的实施方式，可分为直接控制和间接控制；按控制活动和经济运行过程中实施的时间不同，可分为预防控制、现场控制和反馈控制。以上三种控制方式的具体内容不同，因而实施控制的效果和要求也是不同的。经济控制的方法主要有会计控制、预算控制、审计控制、人员行为控制等。

5. 监督职能

经济监督，是指对经济活动的监察或督导。监察就是监督和检查经济活动参与者的经济行为是否符合各种法律、政策、制度等有关规定；考察经济活动是否符合原定目标的要求，如不符合，则需要查明出现偏差和导致失误的原因。督导就是对经济活动的督促和引导，纠正偏差，确保经济活动的有效运行。

对社会经济活动实行经济监督，有其客观的必要性。这种必要性主要可以从生产力和生产关系两个方面来考察。在我国市场经济发展的现阶段，要保持经济活动的顺利进行，仍要进行经济监督。因为我国目前还存在着多种所有制形式，而不同的所有制经济组织之间必然存在着不同的经济利益；在分配方面，我国贯彻的是“各尽所能，按劳分配”的原则，但在发展社会主义市场经济的整个过程中，仍时有破坏社会主义经济秩序的违法犯罪活动发生；等等。

经济监督的内容是多方面的，包括计划监督、财政监督、银行监督、工商行政监督、质量监督、安全监督、财务监督、审计监督等。

经济监督在实施过程中必须注意以下问题：要加强经济监督的组织建设、制度建设和思想建设；要严格按照经济监督的过程进行监督；要在经济监督过程中，搞好计划、核算、分析和检查四个环节。

6. 激励职能

经济激励，就是管理者运用各种刺激手段，唤起人的需求、激发人的动机、调动人的内在积极因素，使其将储存的潜能发挥出来的管理活动。

经济激励的特点在于作用的普遍性和持续性、变化性和差异性、不可测定性。经济激励的类型主要有目标激励、奖罚激励、支持激励、关怀激励、榜样激励等。

（二）明确政府在经济活动中的地位

在以市场经济为主要资源配置方式的社会经济中，政府的重要职责是以弥补市场失灵而确定的配置、稳定和分配等的责任。政府的资源配置职责是由政府介入或干预所产生的。它的特点和作用是通过本身的收支活动为政府供给公共产品提供财力，引导资源的流向，弥补市场失灵的缺陷，最终实现社会资源的最优效率状态。政府的宏观调控与市场调节都是调节经济的手段，在一般情况下，市场经济体系是以市场调节为主、国家宏观调控为辅的，国家的宏观调控是为了弥补市场调节的不足，政府对经济的干预不能被认为是调节经济的唯一手段，但是在市场失灵的情况下，政府宏观调控的作用就处于主导地位。因为有些在市场经济运行中出现的问题，如市场垄断等是不可能凭借市场调节就能解决的，此时要使市场正常运转，就必须有政府的干预，政府必须发挥国家对市场经济的宏观调控的作用。政府宏观调控的手段主要有经济手段、法律手段和必要的行政手段。在市场失灵的情况下，就要综合运用政府宏观调控的各项手段，稳定经济，促进经济的发展。正确定位政府在经济活动中的地位是政府对经济管理“有所为，有所不为”的必要条件。

（三）发挥行政体系的监督作用

通过监督可以及时反映政府“越位”或“错位”等的行为，使相关部门能早发现、早纠正。通过完善监督制度，使政府相关部门在干预经济时始终保持警惕心理，牢牢把握其经济管理的权限，在经济发展过程中，把该管的管好，不至于造成政府干预经济发展过多的局面；同时也能促使政府工作人员提高工作效率，在处理经济问题时保持高效。这是政府在经济管理时做到“有所为，有所不为”的重要保证。

（四）优化政府宏观调控的软硬件环境

一方面，抓好行政环境建设。通过建设良好的服务环境、法治环境、市场环境、政策环境、社会诚信度等软环境，着力营造“亲商、安商、尊商、富商”的氛围。随着改革开放的深入、民主建设进程的加快，行政相对人的民主意识、法治意识、竞争意识和参政意识不断增强，对政府提供公共产品的要求也越来越高。政府要切实负担提供治安、教育、交通、国防、外交、医疗、环保、民政、社保等公共服务职责，保证为行政相对人提供全程配套到位的服务。提高政府办事效率，搞好勤政廉政建设，一切按规矩去办，提高办事透明度，反对权钱交易，以良好的形象树立领导经济建设的权威。政府的实体管理和程序管理都必须公开、透明，特别是与人民群众利益密切相关的行政事项，除涉及国本、国家机密、经济安全和社会稳定的以外，都应向社会公开，给行政相对人以更多的知情权和监督权，增强透明度和公众参与度。特别是要加强政策法规的透明度，包括对政策法规的宣传力度，建立统一、有效的政策信息网络，做到政策法规信息的及时发布、及时宣传、及时更新。行政管理的手段要以便捷、多元化为标准，充分利用现代科技和联络方式，如邮件、电话、传真、网络通信等，实现具体行政行为，如行政审批、许可、确认、给付的管理高效。在行政审批制度改革中，要遵循低成本、高效率的原则，压缩多级、多次审批，把多部门分别审批改为整体联动审批，并提供规范的标准化流程。

另一方面，要抓好基础设施硬环境的改善。本着“规划超前、布局合理、功能完善”的原则，加快城区建设，提升城市品位，完善城市功能，增强对外吸引力。搞好水、电、路和通信等基础设施建设，高标准、高起点地建设行政区、文体活动区、商住区、工业区、商贸区，完善政府在经济管理中发挥高效能的途径。

三、经济管理的职能范围

（一）人力资源管理

1. 人力资源的概念

人力资源有狭义和广义之分。从狭义上讲，人力资源是指一个国家或地区在一定时期内所拥有的处在劳动年龄阶段、具有劳动能力的人口。从广义上讲，人力资源是指一个国家或地区在一定时期内的客观上所存在的人口，包括在该时期内有劳动能力的人口和无劳动能力的人口。研究人力资源要防止表面化和简单化，要对人力资源进行全面的动态的研究。

2. 人力资源的特点

人力资源具有能动性和创造性、时效性和连续性、动态性和消费性、再生性和适度性等特点。

为了搞好人力资源开发与管理工作，可以采取以下措施：发展教育事业，提高人口质量；广开就业门路，以创业带动就业，发挥人力资源潜力；建立人力资源开发的市场机制，达到人尽其才；挖掘企业劳动者潜力，充分调动其生产积极性。

（二）财力和物力管理

1. 财力及其运动

财力是指在一定时期内的一个国家或地区所拥有的社会总产品的货币表现。财力的运动过程可以概括为：财力的开发（生财）、财力的集聚（聚财）和财力的分配使用（用财）三个环节。财力运动的这三个基本环节相互关联、相互制约、相互促进。生财是运动的起点和归宿，是聚财和用财的前提；聚财是运动的中间环节，是生财和用财的制约因素；用财是为了生财，用财和生财互为目的。

2. 财力的集聚与使用

财力集聚的对象，就是国内社会总产品的价值和国外资金市场中的游资。财力集聚的主要渠道有财政集资、金融机构集资和利用外资。在我国目前的市场经济发展中，除了搞好财政集资外，尤应重视金融机构集资和利用外资。财政集资的主要特点是强制性和无偿性，金融集资的主要特点是有偿性和周转性。

3. 物力的概念和物力管理的内容

物力是能够满足人类生产、生活需要的物质的总称，包括物质资料和自然资源两大部分。

物力管理的内容有两个方面：一是物力的开发、供应和利用，二是自然资源的保护。

4. 物力管理的基本任务

物力管理的基本任务是遵循自然规律和经济规律，按照建设资源节约型、环境友好型社会的要求，结合经济发展和人民生活的需要，开发、供应、利用和保护好物力资源，形成节约能源资源和保护环境的增长方式、消费模式，以合理地、永续地利用物力，促进经济和社会事业的不断发展，推动人类文明和进步。

（三）科学技术管理

1. 科学技术的概念

科学是人类实践经验的概括和总结，是关于自然、社会和思维发展的知识体系。技术是人类利用科学知识改造自然的物质手段和精神手段的总和，它一般表现为各种不同的生产手段、工艺方法和操作技能，以及体现这些方法和技能的其他物质设施。

2. 科学技术管理的主要内容

制订科学技术发展规划，着力突破制约经济社会发展的关键技术；组织科技协作与科技攻关，积极推广应用科研成果；注重提高自主创新能力，抓好技术改造与技术引进；加强创新型科技人才队伍建设。

（四）时间资源管理

1. 时间资源的特点

时间是一切运动着的物质的一种存在形式。时间资源具有不可逆性、供给的刚性和不可替代性、均等性和不平衡性、无限性和瞬间性等特点。

2. 时间资源管理的概念与内容

时间资源的管理，是指在同样的时间消耗的情况下，为提高时间利用率和有效性而进行的一系列控制工作。时间资源管理的内容，概括地说包括对生产时间（即从生产资料和劳动力投入生产领域到产品完成的时间）的管理和对流通时间（即产品在流通领域停留的时间）的管理。

3. 时间资源管理的基本途径

时间资源管理的途径有规定明确的经济活动目标，以目标限制时间的使用；制订详细的计划，严格控制时间的使用；优化工作程序，提高工作效率，充分挖掘时间潜力；保持生产、生活的整体合理安排休息和娱乐时间。

（五）经济信息管理

1. 经济信息的概念与特点

经济信息是指反映经济活动的特点及其发展变化情况的各种消息、情报、资料的统称。而经济信息的特点主要有社会性、有效性、连续性和流动性。

2. 经济信息的分类

按照不同的方式，可将经济信息分为不同的类别。按照经济信息的来源，可以分为原始信息和加工信息；按照经济信息所反映的内容，可以分为内部信息与外部信息，或分为有关过去的信息和有关未来的信息；按照经济信息取得的方式，可以分为常规性信息和偶然性信息。

经济信息管理的基本程序是广泛收集、认真加工、及时传递、分类储存。对于经济信息管理的要求体现为准确、及时、适用。

四、经济管理的方法

（一）经济方法

经济管理的经济方法是指依靠经济组织，运用经济手段，按照客观经济规律的要求来组织和管理经济活动的一种方法。正确理解经济方法的含义需要把握以下要点：经济方法的前提是按客观经济规律办事；经济方法的实质和核心是贯彻物质利益原则；经济方法的基础是搞好经济核算；经济方法的具体运用主要依靠各种经济杠杆；运用经济方法，主要依靠经济组织。经济方法的特点是具有利益性、平等性、有偿性、间接性，作用范围广、有效性强。

经济方法的科学运用，在一定程度上可以体现经济杠杆的科学作用。有效地利用经济杠杆，可以加强对经济活动的管理，但是一定要认识到各种不同的经济杠杆的作用领域与具体的调节目标。经济杠杆的调节作用可以体现在社会经济生活中的各个方面，实现多种调节目标。例如，信贷杠杆是在资金分配的过程中发挥作用，可以促进社会总需求与总供给之间的平衡，还可以促进企业的发展，减少资金的占用，促进资金的合理运转，提高企业的经济利益。

（二）法律方法

经济管理的法律方法，是指依靠国家政权的力量，通过经济立法和经济司法的形式来管理经济活动一种手段。法律方法的特点是具有权威性、强制性、规范性和稳定性。

法律方法是国家管理和领导经济活动的重要工具，在经济管理中之所以要使用法律方法，从根本上说，是为了保证整个社会经济活动的内在统一，保证各种社会经济活动朝着同一方向、在统一的范围内得以落实。具体来讲，就是保障国家的经济建设的大政方针，保护以公有制为主体的多种经济成分的合法权益，保障科技成果的有效应用等。

（三）行政方法

经济管理的行政方法，是指依靠行政组织，运用行政手段，按照行政方式来管理经济活动的一种方法。行政方法的特点是具有强制性、直接性、无偿性、单一性和时效性。

行政方法在使用之前，一般会进行深入的调查研究，注重从实际出发，尊重客观事实。行政方法一般建立在客观经济规律之上，对于各级组织与领导者的权力范围有严格且明确的划分，可以正确处理各级组织的关系。

第二章
经济管理的基本理论

第一节　管理理论

一、核心能力理论

（一）核心能力的构成要素

企业的核心能力所包含的内容既丰富又复杂，所涉及的内容较为广泛，主要包括以下三个方面。

1. 应用研究与技术开发能力

应用研究是为了获得新知识而进行的创造性研究，它主要针对某一特定的实际应用目的，可以连接基础研究和技术开发。技术开发是指利用从研究与实际经验中获得的现有知识或从外部引进的技术和知识，为生产新的材料、产品，建立新的工艺系统而进行实质性的改进工作。

2. 创新能力

社会在不断地进步，企业想要保持发展与竞争的优势，就需要不断创新。创新就是根据市场变化，在企业原有的基础上，不断优化资源配置，重新整合人才，寻找不足之处，不断改进，以更加贴合市场需求，使企业的产品、技术、管理不断创新，进而实现企业的目标。企业创新的主体主要是生产一线的管理层、技术层、中间管理层。

创新能力需要创新主体在生产经营活动中，善于敏锐地察觉旧事物的缺陷，准确地捕捉新事物的萌芽，提出相关的推测与设想，再进行进一步的论证，并准确地实施。创新能力与创新主体的知识素养、思想意识、心理特点以及社会环境具有紧密的联系。

3. 转换能力

只有将创新意识与创新技术转换为可实行的工作方案或者产品，创新研究与开发才是有价值的。转换能力作为企业技术能力管理的重要因素，转换的过程也就是创新的进一步深化。创新只有转换为实际效益才是真正意义上的创新。转换能力在实际应用中的技能表现主要有以下几项。

第一，综合。将各种技术、方法等综合起来，形成一个可实施的综合方案。

第二，移植。将其他领域的方法移植到本企业的管理与技术创新中。

第三，改造。对现有的技术、方法、设备进行改造。

第四，重组。对现有的方法、过程、技巧，根据企业的现实情况以及社会的需求，进行重新改造，不断优化。

由于客观世界无时无刻不在发生变化，企业的决策者不仅需要根据这些变化来作出及时的判断，还需要有敏锐的感应能力，这样才可以根据各种客观条件的变化作出适当的调整。

（二）核心能力的基本特征

1. 经济性

企业核心能力既包括技术因素又包括经济因素。单纯的发明创造只是停留在技术性的层面上，只有将发明创造应用于生产，转化为现实生产力，产出一定的经济效益或者社会效益，才是企业的技术能力。

2. 革命性

承认核心能力的渐进性，并不否定其革命性。创新和研发能力是核心能力的本质体现，而创新和研发过程是充满风险和不确定性的。在这一过程中既有继承性的技术渐进发展，又有突变性的技术革命。正是这种革命性才使企业的竞争既充满成功的机遇与希望，又具有失败的压力与风险，正是这种革命性推动着经济的发展和飞跃。

3. 整体性

不能只是依靠某一种能力或者某一项技术就来判断企业的实力，而应兼顾企业的技术水平、设计能力、生产能力、经济实力等的综合能力的整体表现。企业的综合能力不只是技术因素，还与企业的文化建设、员工的知识素养等非技术因素有关系。换句话说，企业的核心能力就是企业的综合能力。核心能力一旦形成，竞争对手在短时间之内是很难模仿的。

4. 动态性

企业的核心能力并不是一成不变的，企业需要根据时代的发展要求，不断强化自己的核心能力。企业的核心能力若只是固守在一个阶段或者是依靠一种技术，那么它的优势也会随着时间慢慢丧失。只有与时代的发展相一致，与科技的进步相一致，才可以保持企业的竞争优势。

5. 渐进性

一些非关键性技术或者通用技术是可以在市场通过购买获得的，但企业的技术能力是无法通过金钱购买的。企业的核心技术也不会在一朝一夕就能形成，而是要经过长时间的知识技术的积累与经验获得。

（三）核心能力的评价

核心能力作为企业综合素质的重要体现，根据企业性质的不同，所制定的衡量标准也不相同。因此，想要全面评价企业的核心能力并不容易。对此，应结合定量与定性两个方面的评价标准，力求公正、客观地评价企业的核心能力。相关的主要指标如下。

1. 企业专利成果发明数量

该指标主要反映企业研究开发能力和科技水平的领先程度，也综合说明了企业技术能力的强弱。

2. 企业拥有的核心科技员工的数量

作为企业科技力量的体现，所拥有的核心科技员工越多，就说明企业的科技力量越强大。

3. 企业产品占有市场份额

该指标反映了企业产品的市场渗透能力。

4. 企业在消费者中的满意度

消费者是企业经济效益的直接决定者，如果消费者满意度高，就会为企业带来更多的利益。

5. 企业适应市场的能力

市场消费需求的变化日新月异，企业必须有适应市场的能力，这样才能及时推出适合的产品。

通过对上述因素的分析，核心能力理论作为管理理论中的重要组成部分，企业在选择哪些因素成为核心竞争力的同时，还需要关注核心竞争力的创新研究。企业想要培养核心竞争力，就需要重视对产业的预判能力。企业需要根据员工的需求、社会的发展趋势以及技术的发展方向，合理地构想出市场对未来企业的需求与定位，培养出新的核心竞争力，使企业拥有更多的竞争优势，不被时代所抛弃。

二、知识管理理论

（一）知识管理的概念

知识管理简单地说是以知识为核心的管理，具体而言就是通过已有的知识，对知识、知识的创造过程和知识的应用进行规划与管理，以满足企业需求的活动。知识管理的出发点是把知识视为最重要的资源，最大限度地掌握和利用知识，使其成为提高企业竞争力的有效助力。

随着知识经济时代的来临，企业所拥有的知识成为与人力、资金等同等重要的资源。知识管理的目标就是力图将最恰当的知识在最恰当的时间传递给最恰当的人，以便企业作出最好的决策。

（二）知识管理的基本职能

1. 外化

外化体现的是一种搜索、过滤与集成的职能，它从组织的外部与内部中获取对企业现在和未来发展有用的各种知识。在外化的过程中，会形成一个外部储藏库，它把搜索工具搜索到的知识根据分类框架或相应标准进行分类、组织与存储。

2. 内化

内化是设法发现与特定消费者的需求相关的知识结构。在内化的过程中，可以从外部储藏库里提取知识，并通过过滤来进一步确定是否为需要的知识，并将这些知识传递给需要的人。

内化可以帮助研究者就特定的问题进行沟通，并将知识以最适合的方式来呈现。例如，文本可以被简化为关键数据元素，并以一系列图表或原始来源的摘要方式呈现出来，以此来节约知识使用者的时间，提高使用知识的效率。

3. 中介

中介这一职能关注的是隐含类知识（或称意会知识）的转移。中介能将知识寻求者与最佳知识源相匹配。

4. 认知

认知是指将上述三项职能获得的知识加以应用，是知识管理的最终目标，即学习和管理知识的最终目标为知识实践与认知提升。现有技术水平很少能实现认知过程的自动化，大部分是通过专家系统或利用人工知识智能技术作出的决策。

三、人本管理理论

（一）人本管理的内涵

人本管理，就是以人为本的管理。它要求企业在管理活动中坚持一切以人为核心，以人的权利为根本，强调人的主观能动性，力求实现人的全面、自由发展。其实质是充分肯定人在管理活动中的主体地位和作用。

（二）人本管理的基本内容

1. 首要关注对人的管理

从管理对象来看，企业管理可以分为对人、财、物和信息的管理，于是企业管理就具有了社会属性和自然属性两种特性。企业要实现赢利必须通过对人的管理，进而通过对物质资源的配置来实现的。基于这一出发点，企业管理中最重要的必然是对人的管理，以及对人本管理的演绎和具体化。

2. 以激励为主要方式

激励是一种领导行为的过程，它是通过激发人的欲望和动机，使人产生一种内在动力，进而朝着所期望的目标前进的活动。由此可见，激励便是领导者利用某种外部诱因，刺激人的未满足的需求，诱发人的潜在需求，通过这种影响个人需求的方式来提高人们的工作积极性，引导他们在企业经营中的各项行为。

3. 建立和谐的人际关系

人们在社会中工作和生活，就必然会与其他人形成一定的人际关系。人际关系，会影响成员的工作效率、身心健康、个体行为以及组织的凝聚力。企业作为一个经济组织，也同样存在着错综复杂的人际关系网络。企业的人际关系网络具有信息沟通、调动资源、增强互信等功能，是正式市场机制的一种补充。实行人本管理，就是为了构建良好的人际和谐，以达成企业成员之间的目标一致性，对企业发展目标的实现具有重大战略意义。

4. 积极开发人力资源

开发人力资源是企业和员工发展的过程，其重点在于开发人的潜能、提高人的能力。对此，企业应当为员工提供培训和发展机会，使员工不断更新知识和技能，不断适应时代的变化与需求，从而提升员工的创新能力、职业竞争力，促进员工的自我实现感和幸福感，促进企业和员工的共同进步与发展。

5. 培育和发挥企业文化

企业文化是企业在长期发展中形成的一种独特的文化氛围，它能够为员工提供一个共同的价值观念，培育和发挥企业文化，有利于让员工形成认同感，激发员工的使命感和责任感、增强企业内部的凝聚力和向心力，进而保证企业的有效运行。

第二节　管理系统理论

一、管理系统认知

现代管理最重要的特征是管理组织和管理过程的系统化。管理者必须从系统的观点出发，整体地观察、分析和解决管理问题。所谓管理系统，就是由相互关联、相互作用的若干要素或子系统按照管理的整体功能和目标结合而成的有机整体。

（一）管理系统的构成

管理系统通常由管理目标、管理主体、管理客体、管理中介、管理环境等要素构成。

1. 管理目标

任何一个管理系统都不是盲目地建立起来的，而是缘于一定的目标。管理目标是管理目的的具体化，是管理功能的集中体现。组织的管理目标就是要有效利用资源和创新成果，谋取产出大于投入的那部分剩余。因此，为有效实现管理目标，必须根据管理目标建立与运行管理系统，设置管理系统的各个子系统，并建立起各子系统之间的联系网络。管理目标不明确，必然导致管理的紊乱。目标明确，管理系统的活动才能效率高、效果好。

2. 管理主体

管理主体就是管理者，他们是发挥系统功能、促进目标实现的关键力量，因而是管理系统的核心要素，对管理系统的运行起着主导作用。管理主体包括单个的领导者、管理者，领导者、管理者群体及其所构成的层次有序的管理机构。管理主体的任务是对组织活动进行决策、计划、组织、指挥、协调、控制，努力实现组织目标。

3. 管理客体

管理客体就是管理的对象，离开管理客体，管理就无从谈起。因此，管理客体作为管理主体实施管理行为的受作用的一方，对管理成效及组织目标的实现具有重要影响，是管理系统的重要因素。管理客体包括组织的一切可利用资源及组织的职能活动。

4. 管理中介

管理中介是管理过程中管理主体作用于管理客体的方式、手段，是管理主体与管理客体按照系统要求而形成的一系列联系。管理主体通过管理中介，保持组织的正常运行并实现组织的目标。管理中介主要包括各种管理规章、制度、措施，生产中的工艺流程等。管理中介直接决定着管理功效，在管理系统中具有极为关键的作用，因此，它是管理系统又一核心要素。

5. 管理环境

管理环境是指存在于组织内部和外部，对组织的运营方式和业绩具有现实及潜在影响的一系列因素与条件的集合。管理环境具体包括组织外部环境和组织内部环境。组织外部环境是指宏观环境和任务环境。组织内部环境一般包括组织文化和组织经营条件。管理主体的管理行为因一定的环境而存在，因而，也受到环境的重要影响。

组织是管理系统的物质基础和组成方式，人类的一切活动都是在组织中进行的。现代组织管理系统就是通过运用各种管理方法和技术，发挥组织系统中各种人员的作用，把投入现代组织中的有限财力、物力和信息资源转化为可供出售的有形或无形的产品，以达到组织管理的目的。但在构成管理系统的诸多要素中，人是最重要的，是决定组织活动成效的最重要的因素。管理主体在任何组织中都处于中心地位，而被管理者作为管理客体的一部分，也在很大程度上影响着管理行为。管理客体中的各种资源要素由人使用，管理中介由人制定并由人掌握，其效用也取决于人。因此，人是其中的根本性因素。

（二）组织管理系统的结构

现代组织管理系统从结构上可细分为决策系统、执行系统、监督系统和反馈系统。其中，决策系统是组织管理系统的核心，其主要任务是对各种预选方案进行比较、鉴别、分析，选定最满意的决策方案。执行系统负责实施决策方案，其工作成效的好坏决定着正确的决策能否变成现实。而任何决策或具体计划在执行过程中，执行情况与原定的管理目标有无偏差，执行中遇到什么问题等，必须依靠监督系统的监督以及通过灵敏的反馈系统及时进行准确、迅速的信息反馈，把决策执行的效果与反应报告给决策系统、执行系统，以便决策和执行部门及时作出修正，保证正确的决策得到积极贯彻，错误的决策能够及时纠正。只有通过决策、执行、反馈、再决策、再反馈等一系列过程，才能不断避免偏差、完善决策，最终实现预设目标。

决策系统、执行系统、监督系统和反馈系统在组织中相互关联，从而使组织管理过程成为一个完整的过程。

二、管理的创新理论

（一）管理创新的内容

1. 社会整体目标创新

知识经济下要求企业管理在追求自身的目标的同时，还需要与整个社会的发展目标相联系。不仅要让顾客满意、员工满意、投资者满意，还要使社会满意，这就是全方位满意的管理原则，以丰富社会整体目标。

2. 精神激励创新

在传统的工业经济管理中，领导者更注重物质激励，对于精神激励并不重视。根据马斯洛的需求层次理论，领导者更应注重人的精神需求。现代企业也不应该仅满足于表扬、奖赏等传统的精神奖励，而应该创新精神奖励，赋予员工更多的责与权，使员工认识到自己的责任，充分调动自身的主动性与创造性。除此之外，还要重视精神奖励的及时性。

3. 组织文化建设创新

传统的工业管理最为重视规章制度等管理，现代知识经济管理重视组织文化管理。企业文化建设已经成为企业建设中的重要组成部分，实现组织文化管理，在知识经济时代下，不管是企业内部还是企业外部原有竞争者将普遍联合，选择合作机制，在一种和谐的文化氛围中共同开拓与培育市场。

4. 知识管理目标创新

将信息与人，信息与过程，信息与信息联系在一起，实现大量的创新。通过将信息与人的认知能力结合在一起，进一步产生知识，运用信息创造知识，实现知识管理的目标。

5. 集体知识共享和技术创新

知识经济中员工的重要性不仅仅取决于他以前的知识掌握情况，更在于他不断学习，不断创新知识，将新的知识运用到实际中。培养员工这种潜力，实现员工之间的共享与集体拥有知识，作为企业竞争的核心所在，可以满足知识经济管理的要求。

（二）管理创新的空间

1. 企业外部环境的变动导致管理创新空间的存在

企业作为市场活动的主体，在进行市场经济活动的过程中，不可避免地会与外界的企业发生联系，甚至还会影响到企业内部的资源交换与配置。同时，对原来企业的运行方式产生影响。

2. 企业内部资源配置的复杂性导致管理创新空间的存在

随着社会的发展，市场完善需求的复杂化，企业内部资源配置呈现复杂与简单两种趋势。

一方面，由于科学技术的进步，大规模自动化设备的产生，致使产品生产规模化、简单化，对员工的操作要求并不高。

另一方面，面对市场需求的复杂性，企业只有开拓管理创新空间才可以实现销售产品的目的，才可以实现市场销售观念的转变，具体从以下几个方面得到论证。

首先，区分好作为管理对象的人与管理主体的人。企业中的人，是重要的资源要素。人既是管理主体也是管理对象。人的劳动成果只有投入资源配置的过程中与大生产的要素相结合，才可以创造出应有的价值。分工协作作为工业化提高劳动生产效率的重要手段，因为分工不同，在最终产品中难以确定每一个劳动者的劳动贡献，很容易出现在生产过程中员工搭便车的行为。

其次，技术的进步速度加大了学习的难度。技术进步既是企业资源配置的内在变量又是一个外在变量。技术的进步速度日新月异，技术越先进，企业的竞争优势也就越大。企业在追求利益最大化的同时，也要追求最经济的方式，节约企业的成本，追求技术创新。

最后，深化资源配置对象的发展。伴随着经济的不断发展，企业的可利用资源也在不断深化，原来不被人们重视的材料，现在可能成为企业生产的重要资源。

（三）管理创新行为与范式

动机与运行激励作为主要的内在因素，在管理创新理论中占据重要的地位。动机就是产生某种行为的内在动力，包括心理需求与满足感。管理创新需求作为管理创新主体对某种创新目标实现的欲望，也就是管理创新主体希望自己的创新能力可以得到体现。

从一定程度上讲，创新管理需求是人的最高层次的需求。由创新管理需求产生的创新管理行动可以协调组织行为，提高活动的效率。它们之间可以平行进行，也可以交叉进行。因为不管采用哪一种模式，都是为了实现管理创新主体所设定的目标。管理创新行为没有固定的模式，但是有基本原则与规律即范式，主要包括管理创新的原则、管理创新的边界条件以及管理创新的基本模式三个部分。管理创新的原则是管理创新的基准与出发点；管理创新的边界条件则给定了一个具体管理行为的可行域、管理创新目标的达成域；而管理创新的基本模式则是管理创新本身的一个系统流程。实际上不管是普通员工还是领导者，在考虑进行创新时都需要考量以上三点，要不然只能停留在口头而不能落实到行动中。

第三章 宏观经济管理与调控

第一节 宏观经济管理概述

一、宏观经济管理的概念

宏观经济管理是指以中央政府为主的国家各级政府，为了保证整个国民经济在市场调节的基础上持续、快速、健康地发展并取得较好的宏观效益，运用一定经济手段、法律手段和行政手段等，对国民经济总体发展变化及其相应的比例关系进行自觉引导和调控的过程。

二、宏观经济管理的必要性

宏观经济管理的必要性主要体现在以下几点。

（一）加强宏观经济管理是社会化大生产的客观要求

社会主义生产时建立在大机器工业上的社会化大生产。在社会化大生产的条件下，生产规模日益扩大，社会分工和协作日益复杂。随着生产社会化的推进，社会生产、流通、分配和消费在全社会范围内的联系日益紧密，整个国民经济成为一个有机的整体。因此，社会生产的联系、交换和协调就有了特别重要的意义。生产社会化是指由分散的、孤立的、小规模的个体生产转变为集中的、相互联系的、大规模的社会生产过程，它是现代大生产发展的必然趋势。随着社会生产力的发展，生产社会化的程度将越来越高。在社会化大生产条件下，社会分工越来越专业化、细分化、广泛化，所要求的协作和相互依赖关系就越紧密。这就要求对社会经济活动的各个方面、各个部门、各个地区以及社会生产的各个环节进行相应的计划、组织、指挥和协调活动。因此，客观上必然要求对国民经济进行统一的管理，要求通过宏观经济管理来调节社会生产的各个方面和各个环节，以支持整个国民经济活动协调一致地运行。

（二）加强宏观经济管理是维护公有制主体地位的必要保证

社会主义市场经济体制的一个重要特征，便是坚持以公有制为主体、多种所有制经济共同发展和按劳分配为主体、多种分配方式并存，把社会主义制度和市场经济有机结合起来。这种经济制度要求：公有资产在社会总资产中占优势，国有经济对经济发展起主导作用。经过几十年艰苦卓绝的奋斗，我国已经积累了相当雄厚的国有资产，为社会主义市场经济的推行积累了强大的物质基础。改革开放以来，政府职能在逐步转变，国有企业也进行了一系列的改革。但在政企职责分开、所有权与经营权适当分离的情况下，政府仍然有必要加强宏观经济管理，确保国有资产的保值和增值，确保国有经济真正成为市场主体。只有不断发展壮大国有经济，才能更好地发挥国有经济对国民经济的导向作用和对经济运行整体态势的控制力。只有保持强大的、有活力的公有制经济在整个国民经济中的主体地位，才能保证国家发展方向的正确性，最终实现共同富裕。

（三）加强宏观经济管理可以弥补市场调节的缺陷

市场机制在资源配置中常被称为“看不见的手”，通过市场上的价格机制和竞争机制，能使资源得到有效配置。但是实践证明，国民经济的运行和发展单靠市场的自发调节是远远不够的，市场调节存在一定的缺陷，它会造成经济运行的短期性、波动性和盲目性，如果任其自行发展，还可能造成周期性的经济危机，引发社会经济的巨大损失。社会主义市场经济同样具有一般市场经济的共性特征。对此，为了有效地发挥市场对资源配置的基础性作用，减少经济运行中的盲目性和自发性，节约社会劳动和社会资源，必须以国家为主体，对经济的整体运行实行宏观经济管理。

三、政府及其在宏观经济管理中的职能

宏观经济管理的主体是国家各级政府。政府在宏观经济的运行与管理中发挥着重要作用。一是政府要参与和组织国民收入的分配；二是政府要购买和消费大量的社会商品，这种行为必然影响社会总供给与总需求的平衡关系；三是政府是重要的社会投资主体，政府投资规模和投资方向对整个国民经济的发展起到举足轻重的作用；四是政府要制定货币政策，控制货币流通；五是政府作为宏观经济管理的主体，可以通过多种手段调节市场主体的活动，对宏观经济的运行进行宏观调控。政府宏观经济管理职能是指政府凭借一定的行政权力和生产资料所有权，在宏观经济管理中所行使的职责和发挥的功能。

（一）政府在宏观经济管理中的主要职能

根据社会主义市场经济体制的要求，我国政府的宏观经济管理职能主要有以下几点：一是宏观决策，即从宏观经济发展的总体要求出发，研究制定整个国民经济发展的目标、战略、方针和政策以及宏观计划，根据国民经济发展目标，制订和实施国民经济与社会发展的长短期规划；二是宏观调节，即运用各种政策和手段，协调国民经济发展的重大比例关系，协调各方面的利益关系；三是宏观监督，即通过制定各种法规，维护社会和经济秩序，促使宏观经济目标的实现；四是宏观服务，即通过提供信息、公共设施、社会保障等各种服务，为企业生产经营和人民生活创造良好的环境。

（二）政府在宏观经济管理中的基本职能

1. 维护产权制度

对产权进行明确界定及保护，是市场经济存在与发展的基本前提。市场经济是一种交换经济，交换的顺利实现以及市场经济的正常运行，都必须以产权的明确界定为基础，以产权保护为条件。实践证明，市场经济越发展，经济关系越复杂，产权的界定和保护越重要。现在许多国家的宪法都把保护财产权作为一项重要原则加以明确，但是在实践中，产权界定问题并没有完全解决。因为在市场经

济不断发展的过程中会形成新的产权关系、出现新的产权问题，进而使产权界定和保护的难度加大。如公共产权问题、知识产权问题等，都需要以新的思路，探索新的办法加以解决。

2. 维护市场秩序

市场经济是竞争经济，在市场经济条件下，逐利或追求利益的最大化，是商品生产者和经营者的直接动机，而为了实现利益的最大化，就可能出现某些主体在竞争中不择手段的问题，导致市场无序或经济震荡，使市场经济无法正常运行。另外，市场竞争作为优胜劣汰的过程，其结果是市场份额逐步向少数优势企业手里集中，最终市场被少数乃至单个企业所控制，形成垄断。而在垄断条件下，垄断企业不必通过改进技术、降低成本、加强和改善管理等手段，而只要控制垄断价格就可以获得垄断利润，进而使经济发展失去活力和动力。由此可见，无论是无序竞争还是垄断，都不利于市场经济的健康发展。为此，作为宏观经济管理主体的政府，必须从经济发展的全局出发，承担起维护正常市场秩序的责任。通过制定规则，约束市场竞争主体的行为，对任何破坏市场秩序的竞争行为实施打击；通过制定法律，限制市场垄断，以保持市场竞争的活力。

3. 提供公共产品

公共产品是指具有消费或使用上的非竞争性和受益上的非排他性的产品，是指能为绝大多数人共同消费或享用的产品或服务，如国防、环保、教育、公共交通、交通基础设施等。因为利益是如此广泛地分散，遍及全体居民，以致没有单个企业或消费者会有提供公共品的经济刺激，所以这些公共产品的完全私人生产将难以实现。正是因为公共产品的私人生产通常是不充足的，所以政府必须介入公共产品的生产。一般来说，公共产品的生产和提供必须由政府参与，特别是社会公用基础设施，如邮政、通信、交通、大型水利工程等项目，在我国基本上都是由政府或国有企业承担。即使在西方国家，某些公共产品的生产和提供也离不开政府的管理、指导和政策支持。

4. 调节社会总供求关系

社会总供给与总需求的平衡，是市场经济正常运行的根本条件。社会总供给与总需求的平衡，实际上包括相辅相成的两个方面，即总量平衡和结构平衡。总量平衡是结构平衡的前提，结构平衡是总量平衡的基础。从理论上来看，在自由竞争条件下，社会总供求的平衡是通过市场机制的自发作用实现的。但实践表明，仅靠市场机制的自发作用，要经常保持社会总供求的平衡是困难的，而且要付出沉重的代价，因为市场机制的作用具有盲目性。作为市场活动主体的企业，由于其自身地位的局限性，很难通过全面掌握经济活动信息来正确预测和把握整个经济发展的方向和趋势，并使自己的投资行为与之相符合。当这些盲目行动在一定条件下汇集成强大合力的时候，经济失衡就不可避免地发生了。因此，为了避免出现严重的经济失衡或一旦失衡能尽快恢复平衡，就需要由了解和掌握经济发展全局的政府对社会总供求关系进行主动调节。

（三）政府在市场失灵领域中的职能

市场失灵是指通过市场配置资源不能实现资源的最优配置，即市场机制不能充分地发挥作用，而导致市场资源配置缺乏效率或资源配置失当。此时，政府应及时出手，发挥其调节职能。

1. 抑制垄断所带来的弊端

虽然企业规模的增大会获得规模经济带来的好处，但也有可能引起垄断所带来的弊端。对此，为了保护和促进竞争，提高资源配置的效率，政府可以通过一系列手段限制垄断和反对不正当竞争。

2. 控制外部效应

当社会人口增多，且能源、化学制品和其他原材料的生产量增长时，负外部效应就由微不足道的损害而增长成为重大威胁。对此，政府就有必要参与其中，通过制定法律法规（如反污染法、环境保护法等）来控制这些负外部效应，保证社会的正常运行。

3. 促进社会财富公平分配

市场经济是以承认差别为前提的竞争经济，那么在竞争中便难免会出现收入差距甚至差距不断拉大的经济现象。我们必须看到，没有差距就没有效率，否定收入差距，就不可能有真正的市场经济。但是，收入差距过大，又会反过来会影响效率，影响经济的稳定发展，引起社会两极分化及不同利益群体的对立。因此，单靠市场机制来调节收入分配，无法形成既能够促进经济效率不断提高，又能促进社会和谐、稳定的公平、合理的社会分配关系。市场调节的不足，必须由政府主导的收入再分配来弥补和纠正。政府的收入再分配职能，主要通过财政收支来实现。随着政府收入再分配职能的系统化、规范化发展，社会保障制度也就逐步建立健全起来，成为政府对收入分配关系实施调节的重要途径。

（四）政府在经济转型期的职能

1. 推动市场体系的建立和完善

市场经济作为一种制度性安排是无法完全靠自发的力量，不花任何代价就能在短期内实现的。而当市场体系尚未建立或不够完善的时候，只有政府充分发挥积极的作用、积极推动社会变革，才能尽快促进市场体系的形成和完善，才能解决更多的经济问题和社会问题。

2. 促进社会保障体系的形成

在经济转型过程中，与市场体制相适应的社会保障体系往往不够健全。要保持社会的稳定，保障改革的顺利进行，建立、健全社会保障体系，积极筹集和合理分配养老金、失业金、医疗保险金、贫困救济金等，单靠企业或个人的力量是难以做到的，政府在其中有着任何其他社会组织无法替代的作用。

3. 国有资产的有效管理

国有资产一般都有相当大的规模，国有经济也占据着国民经济的主导地位。因此，在经济管理的过程中，防止国有资产流失，实现国有资产保值和增值，提高国有资产的运营效益，是政府义不容辞的责任。

4. 自然环境和社会环境的治理

环境是一种公共产品。在许多国家的发展过程中，自然环境和社会环境都有不同程度的破坏和“透支”。因此，从长远和全面的角度来看，政府应该责无旁贷地对此采取积极的管理措施。

（五）政府在宏观经济管理中的有限性

宏观经济管理作为市场经济的内在机制，能对市场经济的稳定、健康发展起到重要的促进作用。但是，宏观经济管理作为一种政府的主动行为，它无法解决市场经济运行中的所有问题，而是有其本身的局限性，会出现失效问题，即政府失灵问题。

导致政府失灵的原因是多种多样的，对此，有必要研究避免政府失灵的对策。

当市场机制在一国经济运行中占上风时，由此产生的市场缺陷令人想起政府调控这只“看得见的手”；而当政府调控占据主导地位时，政府的失灵又促使人们重新寻找市场那只“看不见的手”。现实中，政府与市场并非水火不相容，它们更多的是相辅相成、共同发挥作用的。一般情况下，为避免政府失灵可以考虑以下两个对策。

1. 在公共部门引入市场机制

经济学家们设想通过在公共部门引入市场机制来消除政府的低效率。其具体设想有：设置两个或两个以上的机构来提供相同的公共产品或服务，使这些机构之间展开竞争而增进效率；借用私营部门的奖惩机制，根据政府高级官员的工作实绩给予特别“奖金”，并允许政府机构的负责人把本机构的“结余资金”用于“预算以外”的“投资活动”，以刺激和发挥政府机构及其负责官员的积极性；将某些公共产品的生产承包给私人生产者，以便更多地依靠市场经济来生产社会所需的公共产品。此外，还可以采取加强和鼓励地方政府之间的竞争来提高地方政府的工作绩效。

2. 对国家的税收和支出加以约束

政府活动的支出依赖于税收，因此，对政府的税收和支出加以约束，可以从根本上限制政府的行为范围，抑制政府规模的过度增长和机构膨胀。这种约束可以从政府预算的程序和预算的数量两个方面入手。其中，预算的程序要求在批准程序上保持收支平衡，预算的数量要求政府收支增长直接与国民经济再增长相联系。

四、宏观经济管理的目标

宏观经济管理的目标是指一定时期内国家政府对一定范围的经济总体进行管理所要达到的预期结果。实现总供求的平衡是宏观经济管理的最终目标。

宏观经济管理目标是宏观经济管理的出发点和归宿点，也是宏观经济决策的首要内容。宏观经济管理目标主要有经济稳定目标、经济增长目标、宏观效益目标、生活水平目标等。

（一）经济稳定目标

1. 经济总量平衡

经济总量平衡主要是指社会总供给与社会总需求在总量和结构上的基本平衡。其中，总量平衡主要是指一定时期内国内生产总值和国外商品、劳务输入与投资需求、消费需求和国外需求的平衡，结构平衡主要是指投资品与投资需求、消费品与消费需求的平衡。在宏观经济调控中，总量能否平衡是一个主要矛盾。抓住这个主要矛盾把总量控制住，就不会造成大的经济波动，进而可以引导整个国民经济健康运行，为微观经济创造一个合理顺畅、公平竞争的宏观经济环境。

2. 国际收支平衡

国际收支平衡主要是指一国对其他国家的全部货币收入与货币支出持平或略有顺差或逆差。货币往来是指经济交易。国际经济交易按其性质分为自主性交易和调节性交易。随着对外开放政策的深入贯彻，我国经济对外联系日益扩大，使对外经济关系出现了新变化，主要表现为国际收支平衡与国内经济稳定增长。国内经济平衡与国际收支平衡存在着相互依存、相互制约的关系。国内经济可以把不平衡的矛盾适度转移到国际收支环节，以利于维持国内经济在一定时期内的稳定增长。例如，当国内供给不足出现通货膨胀时，从国外增加输入商品和劳务，扩大进口，可在短期内通过国际收支渠道缓解国内经济供不应求的不平衡状况。国际收支矛盾也会反过来给国内经济稳定增长带来影响。

3. 物价稳定

物价稳定主要有三种含义：一是指物价总水平的稳定；二是指主要商品，特别是某些主要消费品物价总水平的稳定；三是指物价上升水平稳定地低于居民平均收入增长的水平。保持物价总水平的相对稳定，相应的衡量指标是物价总指数。我国市场经济的价格机制绝不是政府对价格撒手不管。物价总指数的上升趋势，使各种商品的比价在动态中变化，有利于价格体系的改革，有利于经济结构的调整。但价格体系的改革必须在国家宏观调控之下，以防引起通货膨胀。只要物价上涨的幅度是在社会可容忍的范围内，即认为物价稳定。

（二）经济增长目标

宏观经济管理不仅要稳定整个国民经济，更重要的是要促进其不断发展。经济增长目标主要体现在以下几点。

1. 适度的投资规模

这是影响经济增长的直接因素。所谓适度，就是既能满足一定的经济增长需要，又充分考虑一定时期内人力、物力、财力的可能。

2. 合理的产业结构

产业结构合理化水平越高，资源配置的状况便越合理，进而使得经济良性循环，经济效益提高；反之，经济运行阻滞，经济效益下降。调整产业结构主要有两条途径：一是调整投资结构，通过增减对某种产业的投资而影响其发展速度；二是调整现有企业的生产方向，促使一些企业转产。

3. 科学技术进步

要促使经济增长，必须重视科学技术的发展。中共二十大报告强调，科技是第一生产力。科学技术的进步促进了生产技术和生产力水平的提高，推动了工业化、信息化和城镇化的过程。科学技术的创新带来的技术进步和成果转化，促进了新兴产业的形成和发展，推动了经济结构的转型和升级，为经济增长提供了强大的支撑作用。

（三）宏观效益目标

1. 宏观经济效益

宏观经济效益既表现为一个国家一定时期内国内生产总值或国民收入的增

加，又表现为一个国家一定时期内人民物质文化生活水平的总体提高。宏观经济效益是国民经济各部门、各单位微观经济的综合。因此，在一般情况下宏观经济效益与微观经济效益是统一的，但在有些情况下也存在矛盾。有些经济活动在局部来看是合理的，但在全局来看是不合理的，因此这类局部经济效益的提高不会促进宏观经济效益的提高。在这种情况下，国家政府就要运用一定的宏观经济管理手段，引导其行为，使微观经济效益与宏观经济效益尽量达到统一。

2. 社会效益

社会效益是指在经济发展中，某些经济行为如产品的生产、利润的增加、技术的采用等，对整个社会的发展和进步所产生的作用与影响，主要表现在精神文明建设方面。如果某些经济行为对社会发展和进步，对人类精神文明建设有积极作用和影响，称为正社会效益，否则就是负社会效益。宏观经济管理不仅要追求较好的宏观经济效益，而且要追求较好的社会效益。

3. 生态效益

生态效益是指经济发展对生态平衡、环境保护所产生的影响。现代化生产为自然资源的合理开发创造了条件，但是也为环境污染和生态平衡的破坏提供了可能。环境保护、生态平衡是关系资源再生和人类生存的大事，因此在宏观经济发展中不仅要追求经济的快速发展、先进技术的采用和劳动效率的提高，而且要注意生态效益，使经济发展有利于环境保护和生态平衡。

（四）生活水平目标

不断满足广大人民日益增长的美好生活需要是社会主义的生产目的，也是宏观经济管理的最高目标。在整个国民经济发展中，经济稳定、经济增长和宏观效益的提高都是人民美好生活需要不断提高的直接影响因素和前提条件。

1. 充分就业

充分就业通常是指凡有能力并自愿参加工作者，都能在较合理的条件下，随时找到适当的工作。一般把失业率低于 3% 看作该社会能够充分就业。市场经济下可以有失业，可以有下岗，优胜劣汰。但是，下岗不是目的，政府通过再就业工程和培训，使下岗职工找到适合自己的工作，并使其有竞争压力。我们对于劳动就业问题必须认真对待，它不仅关系到经济的发展，也是实现社会安定的重要一环。

2. 公平分配

市场机制不可能自动实现社会公平，它只能在等价交换意义上实现机会均等。我们一方面是利用市场机制，把利益得失作为竞争的动力，鼓励人们靠诚实劳动、合法经营富起来，推动社会进步；另一方面也要把社会各阶层人民生活水平普遍提高作为社会主义制度优越性的体现，不断提高人民的收入水平。

3. 建立和完善社会保障体系

社会保障体系主要包括社会保险、社会救济、社会福利、优抚安置、社会互助和个人储蓄积累等保障。我们必须建立和完善社会保障体系，增进民生福祉，提高人民生活品质。

五、宏观经济的监督

宏观经济监督是指政府及其管理机构，依据有关法令、政策及制度对社会再生产过程的各个环节进行的全面监察和督导。市场经济条件下，加强宏观经济监督的必要性表现在以下几个方面：第一，加强宏观经济监督有利于企业增强自我约束的能力和遵纪守法的自觉性；第二，加强宏观经济监督有利于形成和维护良好的市场环境与市场秩序；第三，加强宏观经济监督有利于政府实现对经济运行的宏观调控。

对宏观经济进行监督的形式和内容主要有：第一，依靠综合经济管理部门进行经济监督；第二，依靠行政手段对经济活动进行监督；第三，依靠法律手段进行经济监督。要依照依法治国的基本方略，加强宏观经济的监督。首先，需要完善各种经济法律法规，做到有法可依；其次，要加强执法和监督力度，提高执法水平，切实做到有法必依，执法必严；最后，推进司法体制改革，建立权责明确、行为规范、监督有效、保障有力的司法体制。

第二节　总需求与总供给

一、总需求

（一）总需求的定义

总需求（Aggregate Demand，AD）是指整个经济社会在每一价格水平上愿意购买的全部产品和劳务总量。在宏观经济分析中，总需求是指整个社会的有效需求，它不仅指整个社会对产品和劳务需求的愿望，而且指该社会对这些产品和劳务的支付能力。总需求体现的是经济中不同经济实体的总支出，在封闭经济条件下，总需求由经济社会的消费需求、投资需求和政府购买需求构成；在开放经济条件下，总需求包括消费需求、投资需求、政府购买需求和净出口需求。

总需求函数是指总需求水平和价格水平之间的关系。由于总需求水平就是总支出水平，而总支出又与总产出相等，所以，总需求函数描述了在每一个价格水平下，经济社会需要多高水平的总产出。在以价格水平为纵坐标、总产出水平为横坐标的坐标系中，总需求函数的几何表示称为总需求曲线。总需求曲线表示社会的需求总量和价格水平之间呈反方向变动的关系，即总需求曲线是向右下方倾斜的。向右下方倾斜的总需求曲线表示，价格水平越高，需求总量越小；价格水平越低，需求总量越大。

（二）总需求曲线

由于价格水平以外的其他因素的变化，如货币供给量、政府购买和税收等重要变量都会引起总需求曲线的平行移动。其他因素可归为两类：一是宏观经济政策变量，如货币政策（中央银行的供给量变化、其他金融政策手段等）和财政政策（政府采购、税收等）；二是其他外部变量，如外国经济活动等。当政府采购、自发性消费、净出口、货币供给增加或税收减少时，总需求曲线向右上方平行移动；当政府采购、自发性消费、净出口、货币供给减少或税收增加时，总需求曲线向左下方平行移动。

由于货币供给量、政府购买和税收都是重要的政策变量，因此，以上讨论暗含着政府运用政策干预经济的可能性。从上述分析可以看出，财政政策（政府采购、税收等）和货币政策（货币供给等）都会引起总需求变化。

二、总供给

（一）总供给的影响因素

总供给（Aggregate Supply，AS）是指整个经济社会在每一价格水平上所愿意提供的产品和劳务的总量。总供给描述了经济社会的基本资源用于生产时可能有的产出量。概括而言，一个社会的总供给是由该社会的生产要素和技术水平所决定的，其中，生产要素包括人力资源、自然资源和资本存量，而技术水平则反映一个经济社会使用生产要素生产产品和提供服务的效率。

1. 人力资源

人力资源由劳动力的数量和质量构成。在现实经济中，劳动力是整个经济中最重要的生产要素。从宏观经济分析的角度看，劳动力中的就业数量是由劳动市场决定的。劳动力的质量是指劳动生产率，取决于劳动力的生产技能和该社会的教育水平等因素。

2. 自然资源

自然资源包括土地、森林、矿产、海洋等一切可用于生产产品和提供服务的东西。一般地，每一个国家所拥有的自然资源几乎都是固定不变的。

3. 资本存量

资本存量是指一个社会在某时点所拥有的厂房、机器、设备和其他形式的资本数量。资本存量是投资的结果。资本存量的规模取决于投资的大小和持续的时间。持续投资时间越长，资本存量的变化越显著。换句话说，在一个较短的时间内，一个国家的资本存量不会发生太大的变化。

4. 技术水平

从抽象的意义上讲，技术水平是指投入和产出之间的转换关系。同微观经济分析一样，宏观经济分析也用生产函数来反映这种转换关系。

（二）总供给曲线

在其他条件不变的情况下，在以价格为纵坐标、总产出为横坐标的坐标系中，对于每一个价格水平会产生一个对应的产出水平，可以得出总供给曲线。总供给曲线区别于微观经济部分的供给曲线，微观经济学中的供给曲线是个别价格和个别产品供给量的对应关系，是由于商品价格上涨企业供给增加，使曲线向右上方倾斜；而宏观经济分析的供给曲线是总供给曲线，是产出总量和对应的总价格水平之间的关系。

1. 总供给曲线的三种基本形式

目前，西方学者大都同意存在总供给曲线的说法。但是，对于总供给曲线的形状，却有着不同的看法，认为在不同资源利用的情况下分析总供给时，可以得出不同总供给曲线的形状。

（1）凯恩斯主义总供给曲线。凯恩斯主义认为，当社会上存在较为严重的失业时，如 1929—1933 年，企业可以在现行工资水平之下得到它们所需要的任何数量的劳动力。仅把工资作为生产成本时，工资不变，生产成本不会随着产量的变动而变动，价格水平也就不会随产量的变动而变动，生产者愿意在现行价格水平条件下供给任何数量的产品。隐含在凯恩斯总供给曲线背后的思想是，由于存在着失业，企业可以在现行工资水平下获得他们需要的任意数量的劳动力，他们生产的平均成本因此被假定为不随产量水平的变化而变化。这样，在现行价格水平上，企业愿意提供给任意所需求的产品数量。

（2）短期的总供给曲线。水平的总供给曲线和垂直的总供给曲线都被认为是极端的情形，短期的总供给曲线也称正常的总供给曲线。很多西方经济学家认为，现实的总供给曲线在短期更多地表现为向右上方倾斜的曲线。由于经济中的总产出只不过是所有不同行业产出的总和，因此，总供给曲线可以通过加总市场上每一行业的供给曲线得到。总供给水平与价格水平同方向变动。当产出量增加时，企业会使用更多的劳动力、资本、土地等，使生产成本上升，从而价格总水平上升；反之则相反。

（3）长期的总供给曲线。如果说凯恩斯的总供给曲线显示的是一种极端情形，那么长期的总供给曲线是另外一种极端情形，长期总供给曲线也称为古典总供给曲线。该曲线显示，人类所拥有的资源总是有限的，当资源已经得到充分利用时，经济中实现了充分就业，由于按一定工资水平愿意就业的劳动力都已就业，产量无法再扩大，这时如果总需求持续扩张，只能导致物价水平的上升。此时，总供给曲线是一条与价格水平无关的垂直线。

2. 总供给曲线的移动

与总需求曲线的移动相比，使总供给曲线移动的因素相对来说比较复杂。当产出变化引起价格水平变动时，沿着总供给曲线上做点的移动。当产出以外的其他因素变化引起价格水平变动时，总供给曲线本身平行移动。

产出以外的其他因素是指技术变动、工资率变化、生产能力变化、自然和人为的灾祸等。技术进步意味着现在用较少的投入能够生产出与以前同样多的产出。换句话说，技术进步导致了宏观生产函数的变化。因此，技术进步通常使总供给曲线向右移动。当工资较低时，对于任何给定的价格水平，厂商愿意供给更多的产品，故降低工资将使供给曲线向右移动。一般而言，随着经济中企业设备投资的增加，经济的生产能力增加，这会使总供给曲线向右移动。当发生严重的自然灾害时，会极大地减少经济中资本存量的数量，其结果会使任何数量的劳动能够生产的产出数量都减少，从而导致总供给曲线向左移动。

3. 总供给曲线移动的效应

（1）短期总供给曲线移动的效应。总需求曲线不动，短期总供给的变动会引起短期总供给曲线向左上或向右下移动，从而会使均衡的国民收入和价格水平发生变动。如果成本上升，短期总供给减少，短期总供给曲线向左上移动，会使均衡国民收入减少，价格水平上升；如果成本降低，短期总供给曲线向右下移动，会使均衡国民收入增加，价格水平下降。

（2）长期总供给曲线移动的效应。长期总供给也就是充分就业的总供给，即充分就业国民收入或潜在国民收入。随着潜在国民收入的变动，长期总供给曲线会发生移动。正常情况下，长期总供给曲线随经济增长而向右方平行移动。如果发生自然灾害或人为灾祸，经济的生产能力被破坏，长期总供给曲线也会向左移动。如果长期总供给曲线向右移动，可以实现更高水平的充分就业均衡，而不引起通货膨胀。

第三节　通货膨胀与经济周期

一、通货膨胀

通货膨胀是在纸币流通条件下，因货币供给大于货币实际需求，导致货币贬值，从而引起的一段时间内物价水平持续而普遍上涨的经济现象，其实质是社会总需求大于社会总供给。通货膨胀程度是用通货膨胀率来衡量的，通货膨胀率是用百分比形式测算价格水平的变化程度。在实际工作中，一般不直接也不可能测算通货膨胀率，而是通过消费者价格指数（Consumer Price Index，CPI）、生产者价格指数（Producer Price Index，PPI）和国内生产总值（Gross Domestic Product，GDP）折算指数来间接表示。

（一）通货膨胀的产生条件

通货膨胀的产生必须具备两个条件。一是纸币流通和物价总体水平的持续上涨。资源短缺、商品质量提高等原因引起的物价上涨，不能理解为通货膨胀，必须是纸币发行量超过了宏观经济的实际需要量，才能称为通货膨胀。二是必须是大部分商品的价格在一段时间内持续地上涨。局部或个别产品的价格上涨以及季节性、偶然性和暂时性的价格上涨，不能认为是通货膨胀。

（二）通货膨胀的类型

通货膨胀根据不同的分类方式可以分为多种。

1. 按价格上升的速度分类

按价格上升的速度，通货膨胀可以分为以下三种。

第一种，温和的通货膨胀。这是指年物价水平上升速率在10%以内，也称爬行式的通货膨胀。它的特点是价格上涨缓慢并且可以预测，是始终比较稳定的一种通货膨胀。实际上许多国家都存在着这种通货膨胀，此时物价相对来讲比较稳定，人们对于货币比较信任，乐于持有货币。许多经济学家认为，这种温和而缓慢上升的价格对经济的增长有积极的刺激作用。

第二种，奔腾的通货膨胀。奔腾的通货膨胀也称为疾驰的、飞奔的或急剧的通货膨胀，是一种不稳定的、迅速恶化的、加速的通货膨胀。在这种通货膨胀发生时，年物价水平上升速率在10% ~ 100%，人们对于货币的信心产生动摇，公众预期价格还会进一步上涨，此时需要采取各种手段减少损失，否则随着通货膨胀的加剧，经济社会将产生动荡，所以这是一种较危险的通货膨胀。

第三种，恶性通货膨胀。在经济学上，恶性通货膨胀是一种不能控制的通货膨胀，在物价很快上涨的情况下，会使货币失去价值。恶性通货膨胀没有一个普遍公认的标准界定，一般认为此时的年物价水平上升速率超过了100%。发生这种通货膨胀时，价格持续猛涨，货币购买力急剧下降，人们对于货币完全失去信任，以致货币体系和价格体系最后完全崩溃，甚至出现社会动乱。产生这种通货膨胀的原因是货币供给的过度增长。

2. 按照对不同商品的价格影响分类

按照对不同商品的价格影响，通货膨胀可以分为以下两种。

第一种，平衡的通货膨胀，即每种商品的价格都按相同的比例上升。

第二种，非平衡的通货膨胀，即各种商品价格上升的比例并不完全相同。例如，某一时期的房地产价格上升迅速，而一般日用消费品，如家电、电脑、汽车等商品的价格反而下降。

3. 按照人们的预期程度分类

按照人们的预期程度，通货膨胀也可以分为两种：一种是未预期的通货膨胀，即人们没有预料到价格会上涨，或者是价格上涨的速度超过了人们的预计；另一种是预期的通货膨胀，即人们预料到价格会上涨，或是预料到了价格上涨的速度。

（三）通货膨胀的成因

通货膨胀是现代经济社会中常见的一种经济现象，其产生的原因是多方面的，但一般可归纳为以下三类。

1. 需求拉动

需求拉动的通货膨胀，又称过度需求通货膨胀，是指由于总需求的增加超过了总供给而引起的价格水平持续、显著上涨的经济现象。由于总需求是和货币供给量联系在一起的，所以需求拉动的通货膨胀又被解释为过多的货币追逐过少的商品。

需求拉动型通货膨胀还可能由货币因素引起。经济学意义上的需求都是指有支付能力的需求。上述实际因素引起的过度需求虽然最初在非金融部门中产生，但如果没有一定的货币量增长为基础，就不可能形成有支付能力的需求，换言之，过度的需求必然表现为过度的货币需求。

2. 成本推动

成本推动的通货膨胀理论与需求拉动的通货膨胀理论的出发点正好相反，它是从总供给而不是从总需求的角度出发，假设在不存在过度需求的情况下，由于供给方面成本的提高所引起的价格水平持续、显著上升的一种经济现象。

引起成本增加的原因有三个方面。一是工资成本推动的通货膨胀。许多经济学家认为，工资是成本中的主要部分。工资的提高会使生产成本增加，从而价格水平上升。二是利润推动的通货膨胀。部分西方经济学者认为，工资推动和利润推动实际上都是操纵价格的上升，其根源在于经济中的垄断，即工会的垄断形成工资推动的通货膨胀，厂商的垄断引起利润推动的通货膨胀。三是原材料成本推动的通货膨胀。如石油价格的上升，或者是某种进口原材料价格上升等。

3. 结构失调

结构失调是指在没有需求拉动和成本推动的情况下，只是由于经济结构、部门结构失调引致的物价总水平持续上涨的现象。导致结构性通货膨胀的根源是国民经济各部门的经济结构存在很大差异，如劳动生产率提高快慢不同，所处的经济发展阶段不同，对外开放程度不同等。但是，货币工资的增长速度通常是由生产率较高的部门、处于发展上升阶段的部门和开放度较高的部门决定的。在追求工资均等化和公平原则的压力下，在劳动市场竞争的作用下，那些劳动生产率较低的部门、发展缓慢处在衰退阶段的部门和开放度较低的部门，其工资的增长速度会向生产率提高较快、正处于上升期和开放度较高的部门看齐，使整个社会的货币工资增长速度具有同步增长的趋势，进而导致全社会的工资增长率高于社会劳动生产率的平均增长率，这必然会导致价格水平的普遍上涨，从而引发通货膨胀。这种通货膨胀就是结构性通货膨胀。

（四）通货膨胀的成本

通货膨胀是一种货币现象，是每一个国家政府、经济学家和普通百姓都关注的问题，高的通货膨胀率的确给整个社会及其社会成员带来一系列问题，向整个社会及其每个成员征收成本。经济学家们总结出了几种通货膨胀的成本。

1. 通货膨胀的再分配成本

通货膨胀的再分配成本是指通货膨胀在全社会范围内对真实收入进行重新分配。其包括两个方面。一是通货膨胀降低固定支付方的支付成本，损害了固定收入方的购买力。对于固定收入方来说，其收入为固定的名义货币数额，物价上涨后，他们的名义收入不变，即收入不能随通货膨胀率变动，那么他们真实的购买力下降，其生活水平必然下降。而对于支付方来说，支付的实际支付成本自然比通货膨胀前低，这样通货膨胀就把真实的购买力从收入方转移到了支付方。二是通货膨胀造成财富在债务人和债权人之间的财富再分配。

2. 通货膨胀的资源成本

通货膨胀的资源成本是指人们为了应对通货膨胀被迫在日常生活中耗费额外的时间和资源，支付了机会成本，因为原本人们可以用这些时间和资源进行其他活动。其主要包括以下四个方面。

第一，“皮鞋成本”。它是指人们为减少货币持有量所付出的成本。由于通货膨胀降低了货币的实际价值，为避免损失人们一般会减少持有货币，可能会更多地跑去银行，把持有的现金放入高利息的银行账户中，或者把现金变换为实物。在这些过程中，磨损了鞋底，这就是“皮鞋成本”的最初来源。可是，更重要的成本是人们在这个过程中牺牲了时间和精力，这原本可使人们做更多有意义的事情。初看起来“皮鞋成本”是微不足道的，但是在高通货膨胀时，这将是一个严重的社会问题。

第二，“菜单成本”。它包括印刷新清单和目录的成本、把这些新的价格表达给中间商和顾客的成本、为新价格做广告的成本，以及改变价格对市场影响的不确定造成的风险成本，甚至包括处理顾客对新价格抱怨的成本。这期间不仅消耗时间，而且消耗纸张、油墨，造成打印机损耗等。

第三，资源配置不当。市场经济依靠价格机制来配置资源，企业依据价格制定其经营策略，消费者依据各种商品和服务的质量与相对价格来比较购物。如果发生通货膨胀，人们往往没有足够的时间和能力来判断是绝对价格的上升还是相对价格的上涨，其结果是，生产者和消费者都可能出现决策失误，造成资源浪费。

第四，税收负担扭曲。许多国家实行累进税率，税收具有稳定性、固定性的特点，如果发生通货膨胀，为维持不变的实际工资，根据预期调整劳动者的名义工资水平，而名义工资的增加使纳税人进入了更高的纳税等级，进而使得税后的实际工资反而减少了。又如，银行付给储户的利息是名义利息，发生通货膨胀后，名义利息会低于实际利息，而利息税却是按照名义利息来征收，结果造成储户多纳税。因此，通货膨胀扭曲了所征收的税收。

总之，通货膨胀会引起一系列问题，社会为此要付出一定的代价。

（五）通货膨胀的治理

由于通货膨胀会引起一系列问题，影响经济的正常发展，所以许多国家都十分重视对通货膨胀的治理。在宏观经济分析中，主要用衰退来降低通货膨胀和收入政策等来治理通货膨胀。

1. 用衰退来降低通货膨胀

这种方法主要针对需求拉动所致的通货膨胀。由于需求拉动所致的通货膨胀是总需求超过总供给产生的，因此，要治理这种通货膨胀，调节和控制社会总需求是其关键。有效途径是采取紧缩的财政政策和货币政策。在财政政策方面，通过紧缩财政支出，增加税收，实现预算平衡、减少财政赤字；在货币政策方面，主要是紧缩信贷，控制货币投放，减少货币供应量。

财政政策和货币政策相配合综合治理通货膨胀的重要途径，就是通过控制固定资产投资规模和控制消费基金过快增长来实现控制社会总需求。但这种政策会导致投资减少、产出回落，其代价很可能是经济衰退。

2. 其他降低通货膨胀的方法

第一，收入政策。收入政策主要是针对成本推动所致的通货膨胀，因为成本推动所致的通货膨胀来自供给方面，由于成本提高，特别是工资的提高，从而引起价格水平的上涨。收入政策又称为工资物价管制政策，是指政府制定一套关于物价和工资的行为准则，由劳资双方共同遵守。目的是限制物价和工资的上涨，以降低通货膨胀率，同时又不造成大规模的失业。具体可以采用三种形式：确定工资、物价指导线，以限制工资物价的上升；管制或冻结工资措施；政府以税收作为奖励和惩罚的手段来遏制工资、物价的增长。

第二，控制货币供应量。由于通货膨胀是纸币流通条件下的一种货币现象，其产生的最直接的原因就是流通中的货币量过多，所以各国在治理通货膨胀时所采取的一个重要对策就是控制货币供应量，使之与货币需求量相适应，减轻货币贬值和通货膨胀的压力。

第三，增加商品的有效供给，调整经济结构。治理通货膨胀时如果单方面控制总需求而不增加总供给，将严重牺牲经济增长，这样治理通货膨胀所付出的代价太大。因此，在控制需求的同时，还必须增加商品的有效供给。一般来说，增加有效供给的主要手段是降低成本、减少消耗、提高经济效益、提高投入产出的比例，同时，调整产业和产品结构，支持短缺商品的生产。治理通货膨胀的其他政策还包括限价、减税、指数化等措施。

二、经济周期

从世界各国经济的发展历史来看，经济增长并不总是沿直线上升，而是在上升过程中不断地呈现非线性波动，这种经济活动的上下波动，总是呈现出周期性的特征。

经济周期（又称商业循环），是指经济活动沿着经济发展的总体趋势所经历的有规律的扩张和收缩。

（一）经济周期的类型

按照周期波动的时间长短不同，经济的周期性波动一般有三种类型，即短周期、中周期和长周期。短周期又称短波或小循环，它的平均长度约为 40 个月，这是由美国经济学家基钦提出来的，因此又称基钦周期。中周期又称中波或大循环，每个周期的平均长度为 8 ~ 10 年。这是由法国经济学家朱格拉提出来的，因此又称朱格拉周期。长周期又称长波循环，每个周期的长度平均为 50 ~ 60 年。这是由苏联经济学家康德拉耶夫提出来的，因此又称康德拉耶夫周期。在现实生活中，对经济运行影响较大且较为明显的是中周期，人们最关注的也是中周期，经济学和国内外经济文献中所提到的经济周期或商业循环大都也是指中周期。

按照一国经济总量绝对下降或相对下降的不同情况，经济周期又可分为古典型周期和增长型周期。如果一国经济运行处在低谷时的经济增长为负增长，即经济总量绝对减少，通常将其称为古典型周期；如果处在低谷时的经济增长为正增长，即经济总量只是相对减少而非绝对减少，则为增长型周期。

（二）经济周期的成因

经济周期是各宏观经济变量波动的综合反映。经济周期的成因是极为复杂的、多方面的，经济学家们很早就关注宏观经济繁荣与衰退交替出现的经济周期现象，并且在经济学发展历程中提出了不同的理论。

1. 外生经济周期理论

外生经济周期理论认为，经济周期的根源在于经济制度之外的某些事物的波动，如战争、革命、政治事件、石油价格上涨、发现新能源、移民、科技发明和技术创新，甚至太阳黑子活动和气候变化等。外生经济周期论主要包括太阳黑子周期理论、创新周期理论和政治周期理论等。

（1）太阳黑子周期理论。太阳黑子周期理论是由英国经济学家杰文斯父子提出并加以论证的。太阳黑子周期理论认为，太阳黑子周期性地造成恶劣气候，使农业收成不好，而农业生产的状况又会影响到工业和商业，从而使整个经济周期性地出现变化。

（2）创新周期理论。创新周期理论是由熊彼特提出来的。经济学家熊彼特关于经济周期的解释是：建立在创新基础上的投资活动是不断反复发生的，而经济正是通过这种不断反复发生的投资活动来运转的。但这个过程基本上是不平衡的、不连续的并且是不和谐的。熊彼特理论的核心有三个变化过程——发明、创新和模仿。

（3）政治周期理论。政治周期理论认为，政府交替执行扩张性政策和紧缩性政策的结果，造成了扩张和衰退的交替出现。政府企图保持经济稳定，实际上却在制造不稳定。为了充分就业，政府实行扩张性财政和货币政策。但是，在政治上，财政赤字和通货膨胀会遭到反对。于是，政府又不得不转而实行紧缩性政策，这就人为地制造了经济衰退。这是政府干预经济所造成的新型经济周期，其原因是充分就业和价格水平稳定之间存在着矛盾。

2. 内生经济周期理论

内生经济周期理论在经济体系之内寻找经济周期自发地运动的因素。这种理论并不否认外生因素对经济的冲击作用，但它强调经济中这种周期性的波动是经济体系内的因素引起的。内生经济周期理论主要有以下几个。

（1）纯货币理论。纯货币理论是由英国经济学家霍特里提出的。这种理论认为，经济周期纯粹是一种货币现象，货币数量的增减是经济发生波动的唯一原因。所有具有现代银行体系的国家，其货币供给都是有弹性的，可以膨胀和收缩。经济周期波动是银行体系交替扩张和紧缩信用造成的。当银行体系降低利率、放宽信贷时就会引起生产的扩张与收入的增加，这就会进一步促进信用扩大。但是信用不能无限地扩大，当高涨阶段后期银行体系被迫紧缩信用时，又会引起生产下降，危机爆发，并继之出现累积性衰退。即使没有其他原因存在，货币供给的变动也足以形成经济周期。

（2）投资过度理论。投资过度理论最先始于俄国的杜冈・巴拉诺夫斯基和德国的施皮特霍夫，其后的主要代表者有瑞典学者卡塞尔和维克塞尔。这种理论主要强调了经济周期的根源在于生产结构的不平衡，尤其是资本品和消费品生产之间的不平衡。人们把当期收入分成储蓄和消费两部分。消费部分直接购买消费品；储蓄的部分则进入资本市场，通过银行、保险公司、证券等各种金融机构到达各企业经营者手中，被投入资本品购买和生产之中，这一过程就是投资。如果利率政策有利于投资，则投资的增加首先引起对资本品需求的增加以及资本品价格的上升，这样就更加刺激了投资的增加，形成了繁荣。但是这种资本品生产的增长要以消费品生产下降为代价，从而导致生产结构的失调。当经济扩张发展到一定程度之后，整个生产结构已处于严重的失衡状态，于是经济衰退不可避免地发生了。

（3）消费不足理论。消费不足理论一直被用来解释经济周期的收缩阶段，即衰退或萧条的重复发生。这种理论把萧条产生的原因归结为消费不足，认为经济中出现萧条是因为社会对消费品的需求赶不上消费品的增长，而消费需求不足又引起对资本品需求不足，进而使整个经济出现生产过剩危机。强调消费不足是由于人们过度储蓄而使其对消费品的需求大大减少。消费不足理论的一个重要结论是，一个国家生产力的增长率应当同消费者收入的增长率保持一致，以保证人们能购买那些将要生产出来的更多的商品。

（4）心理周期理论。这种理论强调心理周期预期对经济周期各个阶段形成的决定作用。在经济周期的扩张阶段，人们受盲目乐观的情绪支配，往往过高估计了产品的需求、价格和利润，而生产成本，包括工资和利息则往往被低估了。并且人们之间存在这一种互相影响决策的倾向，如某企业经营者因对未来的乐观预测会增加他对有关的产品和服务的需求，于是带动其他企业经营者也相应增加需求，从而导致了过多的投资。根据心理周期理论，经济周期扩张阶段的持续时间和强度取决于酝酿期间的长短，即决定生产到新产品投入市场所需的时间。当这种过度乐观的情绪所造成的错误在酝酿期结束时显现出来后，扩张就到了尽头，衰退开始了。企业经营者认识到他们对形势的预测是错误的，乐观开始让位于悲观。随着经济转而向下滑动，悲观性失误产生并蔓延，由此导致萧条。

（5）乘数—加速数相互作用原理。诺贝尔经济学奖获得者、美国经济学家保罗·萨缪尔森用乘数—加速数相互作用原理来说明经济周期，并因此成为现代经济周期理论的代表之作。投资的增加或减少能够引起国民收入倍数扩张或收缩，且同方向变化，即乘数原理；同时，国民收入的增加或减少又会反作用于投资，使投资的增长或减少快于国民收入的增长或减少，这是加速原理。可见，投资影响国民收入，国民收入又影响投资，二者互为因果，从而导致国民经济周期性波动。

综上可知，经济周期波动的原因有很多，但归根结底都是总需求与总供给的不一致。两者不一致的情况多通过总需求作用于经济运行过程。在短期内，当总需求持续增加时，经济运行便可能进入景气上升阶段。当总需求的持续增加致使经济活动水平高于由总供给所决定的趋势线，从而使经济运行进入繁荣阶段时，就可能出现经济过热和通货膨胀，这时的总需求大于总供给。反之，当总需求持续收缩时，经济运行就可能进入景气下降阶段。当总需求的持续收缩致使经济活动水平跌到趋势线的下方，从而使经济运行进入萧条阶段时，就会出现经济过冷和严重失业，此时总需求小于总供给。因此，总需求与总供给的不一致，是经济周期波动的直接原因。

（三）经济周期的预测指标

预测宏观经济走强还是衰退，是决定资产配置决策的重要因素。如果预测与市场的看法不一致，就会对投资策略产生很大的影响。经济周期具有循环特征，所以在某种程度上周期是可以预测的。为了预测和判别经济的波动，可以运用各种指标来进行分析。这些指标由于具有与经济周期平行变化的一致性，因此，能够反映出总体经济活动的转折点与周期波动的特点。这些指标按照与经济周期变动先后之间的关系可分为三类——先行指标、同步指标和滞后指标。

1. 先行指标

先行指标是指那些在经济活动中预先上升或下降的经济指标。这一组指标主要与经济未来的生产和就业需求有关，主要包括货币供给量、股票价格指数、生产工人平均工作时数、房屋建筑许可的批准数量、机器和设备订货单的数量以及消费者预期指数等。

先行指标对经济周期波动较为敏感。因此，可以先于其他经济指标反映出短期的、不稳定的波动。当许多先行指标呈现下降趋势时，预示着衰退将会来临；反之，当许多先行指标呈现上升趋势时，预示着经济扩张即将来临。

2. 同步指标

同步指标是指那些与经济活动同步变化的经济指标。这组指标到达峰顶与谷底的时间几乎与经济周期相同，它们既不超前也不落后于总体经济周期，而是与总体经济周期的变动几乎一致。主要的同步指标包括国内生产总值、工业生产指数、个人收入、非农业在职人员总数以及制造业和贸易销售额等。

同步指标可以用来验证预测的准确性。如果在先行指标已经下降的情况下，同步指标也在下降，人们就有把握相信衰退已经来临；如果先行指标已经下降了，而同步指标并没有下降，那么就要考虑先行指标是否受到了某些干扰，经济是否真正进入衰退阶段。

3. 滞后指标

滞后指标是指那些滞后于经济活动变化的经济指标。这些指标的峰顶与谷底总是在经济周期的峰顶与谷底之后出现。这些指标主要包括生产成本、物价指数、失业的平均期限、商业与工业贷款的未偿付余额、制造与贸易库存与销售量的比率等。滞后指标反映了经济波动的程度，也可以用来验证预测的准确性。

在运用先行指标、同步指标和滞后指标进行经济周期预测时，还要综合考虑其他的信息工具。只有结合经验判断，对经济现象进行观察，对各种指标的当前状况进行解释，才能得到较好的预测效果。

（四）经济周期波动的对比分析

1. 波动的幅度

波动的幅度是指每个周期内经济增长率上下波动的差，表明每个经济周期内经济增长高低起伏的剧烈程度，其最直接、最直观的计算方法是计算每个周期内经济增长率峰顶与谷底的落差。根据落差的大小，可以将波动分为三种类型：落差大于或等于 10 个百分点的为强幅型；落差大于或等于 5 个百分点，而小于 10 个百分点的为中幅型；落差小于 5 个百分点的为低幅型。

2. 波动的高度

波动的高度是指每个周期内峰顶年份的经济增长率，它表明每个周期经济扩张的强度，反映经济增长力的强弱。根据各周期峰顶年份经济增长率的高低，可以分为三种类型，即峰顶年份经济增长率大于或等于 15% 的高峰型，峰顶年份经济增长率小于 10% 的低峰型，以及处于二者之间的中峰型。

3. 波动的深度

波动的深度是指每个周期内谷底年份的经济增长率，它表明每个经济周期收缩的力度。按照谷底年份经济增长率的正负，可以分为古典型和增长型，即谷底年份经济增长率为负的古典型和为正的增长型。

4. 波动的平均位势

波动的平均位势是指每个周期内各年度平均的经济增长率。例如，据统计，我国改革开放前的波位平均为 6.51%，属于中位型；而改革开放后波位平均为 9.39%，属于高位型，上升了 2.88 个百分点，表明在克服经济增长的大起大落中，总体增长水平有了显著提高。

5. 波动的扩张长度

波动的扩张长度是指每个周期内扩张的时间长度，它表明每个周期内经济扩张的持续性。改革开放后的平均扩张长度比改革开放前延长了，表明我国经济的增长由短扩张型向长扩张型转变，扩张期有了更强的持续性。

第四章
微观经济管理创新视角

第一节　消费者、生产者与市场

一、消费者理论

（一）消费者行为理论模型

1. 彼得模型

彼得模型俗称轮状模型，是在消费者行为概念的基础上提出来的。它认为消费者的行为和感知与认知、环境与营销策略之间是存在互动和相互作用的。彼得模型可以在一定程度上解释消费者行为，帮助企业制定营销策略。

感知与认知是消费者的心理活动，而心理活动在一定程度上会决定消费者的行为。通常来讲，消费者有什么样的心理就会有什么样的行为。相应地，消费者行为对感知也会产生重要影响。营销刺激和外在环境是相互作用的。营销刺激会直接地形成外在环境的一部分，而外在的大环境也会对营销策略产生影响。感知与认知、行为与环境、营销策略是随着时间的推移不断地产生相互作用的。对消费者的感知与认知和环境的把握是企业营销成功的基础，而企业的营销活动又可以改变消费者行为、消费者的感知与认知等。但不可否认，营销策略也会被其他因素所改变。

2. 霍金斯模型

霍金斯模型是由美国消费心理与行为学家 D.I. 霍金斯提出的，是一个关于消费者心理与行为和营销策略的模型，此模型是将心理学与营销策略整合的最佳典范。

霍金斯认为，消费者在内外因素影响下形成自我概念（形象）和生活方式，然后消费者的自我概念和生活方式导致一致的需要与欲望产生，这些需要与欲望大部分要以消费行为获得满足与体验。同时，这些活动也会影响今后的消费心理与行为，特别是对自我概念和生活方式起调节作用。

（二）消费者购买决策理论

1. 习惯建立理论

该理论认为，消费者的购买行为实质上是一种习惯建立的过程。习惯建立理论提出，消费者的购买行为，与其对某种商品有关信息的了解程度关联不大，消费者在内在需要激发和外在商品的刺激下，购买了该商品并在使用过程中感觉不错（正强化），那么他可能会再次购买并使用。如果消费者多次购买某商品，带来的都是正面的反应，购买、使用都是愉快的经历，那么在多种因素的影响下，消费者逐渐形成了一种固定化的反应模式，即消费习惯。具有消费习惯的消费者在每次产生消费需要时，首先想到的就是习惯购买的商品，相应的购买行为也就此产生。因此，消费者的购买行为实际上是重复购买并形成习惯的过程，是通过学习逐步建立稳固的条件反射的过程。

从习惯建立理论的角度来看存在于现实生活中的许多消费行为，可以得到消费行为的解释，消费者通过习惯理论来购买商品，不仅可以最大限度地节省选择商品的精力，还可以避免产生一些不必要的风险。当然，习惯建立理论并不能解释所有的消费者购买行为。

2. 效用理论

效用的概念最早出现于心理学著作中，用来说明人类的行为可由追求快乐、避免痛苦来解释。后来这一概念成为西方经济学中的一个基本概念。偏好和收入的相互作用导致人们作出消费选择，而效用则是人们从这种消费选择中获得的愉快或者满足的程度。通俗地说，就是一种商品或服务能够给人带来多大程度的快乐和满足。

效用理论把市场中的消费者描绘成经济人或理性的决策者，从而给行为学家很多启示。首先，在商品经济条件下，在有限货币与完全竞争的市场中，效用是决定消费者追求心理满足和享受欲望最大化的心理活动过程。其次，将消费者的心理活动公式化、数量化，能使人们便于理解。但需要指出的是，作为一个消费者，他有自己的习惯、价值观和知识经验等，受这些因素的限制，他很难按照效用最大的模式去追求最大效益。

3. 象征性社会行为理论

象征性社会行为理论认为，任何商品都是社会商品，都具有某种特定的社会含义，特别是某些专业性强的商品，其社会含义更明显。消费者选择某一商标的商品，主要依赖于这种商标的商品与自我概念的一致（相似）性，也就是所谓商品的象征意义。商品作为一种象征，表达了消费者本人或别人的想法，有人曾说："服饰最初只是一个象征性的东西，穿着者试图通过它赢得别人的赞誉。"有利于消费者与他人沟通的商品是最可能成为消费者自我象征的商品。

4. 认知理论

心理学中认知的概念是指过去感知的事物重现面前的确认过程。认知理论是20世纪90年代以来较为流行的消费行为理论之一。认知理论把消费者的消费行为看成一个信息处理过程，消费者从接受商品信息开始直到最后做出购买行为，始终与对信息的加工和处理直接相关。这个对商品信息的处理过程就是消费者接收、存储、加工、使用信息的过程，它包括注意、知觉、表象，记忆、思维等一系列认知过程。消费者认知的形成，是由引起刺激的情景和自己内心的思维过程造成的，同样的刺激、同样的情景，对不同的人往往会产生不同的效果。认知理论指导企业必须尽最大努力确保其商品和服务在消费者心中形成良好的认知。

（三）消费者行为的影响因素

影响消费者行为的因素主要有两种，分别是个人内在因素与外部环境因素。在此基础上，还可以继续进行细分，如将个人内在因素划分为生理因素与心理因素，将外部环境因素划分为自然环境因素和社会环境因素。可以说消费者行为的产生，是消费者个人与环境交互作用的结果。消费者个人内在因素与外部环境因素，直接影响着和制约着消费者行为的行为方式、指向及强度。

（四）消费者购买决策的影响因素

1. 他人态度

他人态度是影响消费者购买决策的重要因素之一。他人态度对消费者购买决策的影响程度，取决于他人反对态度的强度及对他人劝告的可接受程度。

2. 预期环境因素

消费者购买决策要受到产品价格、产品的预期收益、本人的收入等因素的影响，这些因素是消费者可以预测到的，被称为预期环境因素。

3. 非预期环境因素

消费者在作出购买决策的过程中除了受到以上因素影响外，还要受到营销人员态度、广告促销、购买条件等因素的影响，这些因素难以预测到，被称为非预期环境因素，它往往与企业营销手段有关。因此，在消费者的购买决策阶段，营销人员一方面要向消费者提供更多的、详细的有关产品的信息，便于消费者比较优缺点；另一方面，则应通过各种销售服务，促成方便消费者购买的条件，加深其对企业及商品的良好印象，促使消费者作出购买本企业商品的决策。

二、生产者理论

生产者理论主要研究生产者的行为规律，即在资源稀缺的条件下，生产者如何通过合理的资源配置，实现利润最大化。广义的生产者理论涉及这样三个主要问题：第一，投入要素与产量之间的关系；第二，成本与收益的关系；第三，垄断与竞争的关系。下面重点分析第一个问题，即生产者如何通过生产要素与产品的合理组合实现利润最大化。生产是对各种生产要素进行组合以制成产品的行为。在生产中要投入各种生产要素并生产出产品，所以，生产也就是把投入变为产出的过程。

（一）生产者

生产是厂商对各种生产要素进行合理组合，以最大限度地生产出产品的行为过程。生产要素的数量、组合与产量之间的关系可以用生产函数来表现。因此，在具体分析生产者行为规律之前，有必要先介绍厂商生产要素、生产函数等相关概念。厂商在西方经济学中，乃生产者，即企业，是指能够独立作出生产决策的经济单位。在市场经济条件下，厂商作为理性的经济人，所追求的生产目标一般是利润最大化。厂商可以采取个人性质、合伙性质和公司性质的经营组织形式。在生产者行为的分析中，经济学家经常假设厂商总是试图谋求最大的利润（或最小的亏损）。基于这种假设，就可以对厂商所要生产的数量和为其产品制定的价格作出预测。当然，经济学家实际上并不认为追求利润最大化是人们从事生产和交易活动的唯一动机。企业家还有其他的目标，比如，企业的生存、安逸的生活，以及优厚的薪水等，况且要计算出正确的最大利润也缺乏资料。尽管如此，从长期来看，厂商的活动看起来很接近于追求最大利润。特别是，如果要建立一个简化的模型,就更有理由认为厂商在制订产量计划时的支配性动机是追求最大利润。即使在实际生活中企业没有追求或不愿追求利润最大化，利润最大化至少可以作为一个参考指标去衡量其他目标的实现情况。

（二）生产函数

厂商是通过生产活动来实现最大利润的目标的。生产是将投入的生产要素转换成有效产品和服务的活动。以数学语言来说，生产某种商品时所使用的投入数量与产出数量之间的关系，即为生产函数。厂商根据生产函数具体规定的技术约束，把投入要素转变为产出。在某一时刻，生产函数是代表给定的投入量所能产出的最大产量，反过来也可以说，它表示支持一定水平的产出量所需要的最小投入量。因此，在经济分析中，严格地说，生产函数是表示生产要素的数量及其某种数量组合与它所能生产出来的最大产量之间的依存关系，其理论本质在于刻画厂商所面对的技术约束。

在形式化分析的许多方面，厂商是与消费者相似的。消费者购买商品，用以“生产”满足；企业家购买投入要素，用以生产商品。消费者有一种效用函数，厂商有一种生产函数。但实际上，消费者和厂商的分析之间存在着某些实质性的差异。效用函数是主观的，效用并没有一种明确的基数计量方法；生产函数却是客观的，投入和产出是很容易计量的。理性的消费者在既定的收入条件下使效用最大化；厂商类似的行为是在既定的投入下使产出数量最大化，但产出最大化并非其目标。要实现利润最大化，厂商还必须考虑到成本随产量变化而发生的变动，即必须考虑到成本函数。也就是说，厂商的利润最大化问题既涉及生产的技术方面，也涉及生产的经济方面。生产函数只说明：投入要素的各种组合情况都具有技术效率。这就是说，如果减少任何一种要素的投入量就要增加另一种要素的投入量，没有其他生产方式能够得到同样的产量。

（三）生产要素

生产要素是指生产活动中所使用的各种经济资源。这些经济资源在物质形态上千差万别，但它们可以归类为四种基本形式：劳动、资本、土地和企业家才能。

劳动是指劳动者所提供的服务，可以分为脑力劳动和体力劳动。

资本是指用来生产产品的产品。它有多种表现形式，其基本表现形式为物质资本，如厂房、设备、原材料和库存等。此外，它还包括货币资本（流动资金、票据和有价证券）、无形资本（商标、专利和专有技术）和人力资本（经教育、培育和保健获得的体力、智力、能力与文化）。

土地是指生产中所使用的，以土地为主要代表的各种自然资源，它是自然界中本来就存在，如土地、水、原始森林、各类矿藏等。

企业家才能是指企业所有者或经营者所具有的管理、组织和协调生产活动的能力。劳动、资本和土地的配置需要企业家进行组织。企业家的基本职责是组织生产、销售产品和承担风险。

生产任何一种产品或劳务，都必须利用以上生产要素。

三、市场理论

（一）市场

市场是商品经济的范畴。哪里有商品，哪里就有市场。但对于什么是市场，却有多种理解。开始，人们把市场看作商品交换的场所，如农贸市场、小商品市场等。它是指买方和卖方聚集在一起进行交换商品与劳务的地点。但随着商品经济的发展，市场范围的扩大，人们认识到，市场不一定只是商品交换的场所，哪里存在商品交换关系哪里就存在市场。可见，市场的含义，不单指商品和劳务集散的场所，而且指由商品交换联结起来的人与人之间的各种经济关系的总和。

作为市场，它由三个要素构成：一是市场主体，即自主经营、自负盈亏的独立的经济法人，它包括从事商品和劳务交易的企业、集团和个人；二是市场客体，指通过市场进行交换的有形或无形的产品、现实存在的产品或未来才存在的产品；三是市场中介，指联结市场各主体之间的有形或无形的媒介与桥梁。市场中介包括联系生产者之间、消费者之间、生产者与消费者、同类生产者和不同类生产者、同类消费者与不同类消费者之间的媒介体系模式。在市场经济中，价格、竞争、市场信息、交易中介人、交易裁判和仲裁机关等都是市场中介。市场的规模和发育程度集中反映了市场经济的发展水平和发育程度。因此，在发展市场经济过程中，必须积极培育市场。

（二）市场经济

1. 市场经济的概念

简而言之，市场经济就是通过市场机制来配置资源的经济运行方式。它不是社会制度。众所周知，在任何社会制度下，人们都必须从事以商品和劳务为核心的经济活动。而当人们进行经济活动时，首先要解决以何种方式配置资源的问题。这种资源配置方式，就是通常所说的经济运行方式。由于运用调节的主要手段不同，人们把经济运行方式分为计划与市场两种形式。前者是指采用计划方式来配置资源，被称为计划经济；后者是指以市场方式来配置资源，被称为市场经济。可见，市场经济作为经济活动的资源配置方式，与社会制度没有必然的联系。虽然，市场经济是随着现代化大生产和资本主义生产方式的产生而产生的，但它并不是由资本主义制度所决定的。因为市场经济的形成与发展直接决定于商品经济的发达程度。迄今为止，商品经济发展经历了简单商品经济、扩大的商品经济和发达的商品经济三个阶段。只有当商品经济进入扩大发展阶段以后，市场经济的形成与发展才具备条件。因为在这个阶段不仅大部分产品已经实现了商品化，而且这种商品化还扩大到生产要素领域。这时，市场机制成为社会资源配置的主要手段。也就是说，这个阶段经济活动中四个基本问题，即生产什么，如何生产，为谁生产和由谁决策等，都是依靠市场的力量来解决的。由此可见，市场经济是一种区别于社会制度的资源配置方式，即经济运行方式。

2. 市场经济的特征

市场经济的特征可以归结为以下几个方面。

（1）市场对资源配置起基础性作用。这里的资源包括人力、物力、财力等经济资源。

（2）市场体系得到充分发展，不仅有众多的买者和卖者，还有一个完整的市场体系，并形成全国统一开放的市场。

（3）从事经营活动的企业，是独立自主、自负盈亏的经济实体，是市场主体。

（4）社会经济运行主要利用市场所提供的各种经济信号和市场信息调节资源的流动与社会生产的比例。

（5）在统一的市场规则下，形成一定的市场秩序，社会生产、流通、分配和消费在市场中枢的联系与调节下，形成有序的社会再生产网络。

（6）政府依据市场经济运行规律，对经济实行必要的宏观调控，运用经济政策、经济法规、计划指导和必要的行政手段引导市场经济的发展。

第二节　市场需求分析

“需求”与“供给”这两个词汇不仅是经济学最常用的两个词，还是经济领域最常见的两个术语。需求与供给作为市场经济运行的力量，直接影响着每种商品的产量及出售的价格。市场价格在资源配置的过程中发挥着重要作用，既决定着商品的分配，又引导着资源的流向。如果你想知道任何一种事件或政策将如何影响经济并且产生什么样的效应，就应该先考虑它将如何影响需求和供给。

一、需求的定义

需求是指买方在某一特定时期内，在每一价格水平时，愿意而且能够购买的商品量。消费者的购买欲望和购买能力，共同构成了需求，缺少任何一个条件都不能成为有效需求。这也就是说，需求是买方根据其购买欲望和购买能力所决定想要购买的数量。

二、需求表与需求曲线

对需求的最基本表示是需求表和需求曲线，直接表示价格与需求量之间的基本关系。

（一）需求表

需求表是表示在不影响购买的情况下，一种物品在每一价格水平下与之相对应的需求量之间关系的表格。需求表是以数字表格的形式来说明需求这个概念的，它反映出在不同价格水平下购买者对该商品或服务的价格和需求量。

（二）需求曲线

需求曲线是表示一种商品或服务的价格和需求数量之间关系的图形，它的横坐标表示的是数量，纵坐标表示的是价格。通常，需求曲线是向右下方倾斜的，即需求曲线的斜率为负，这反映出商品或服务的价格和需求数量之间是负相关关系。

三、影响需求的因素

除了价格因素以外，还有许多因素会影响需求，使之发生变化。其中，以下几项是比较重要的影响因素。

（一）收入

假如出现了经济危机，企业为了应对危机，会相应地减少员工收入。当个人收入减少时，个人或家庭的需求一般也会相应地减少。就是说，当收入减少时，消费支出的数额会相应地减少，因此，个人或家庭不得不在大多数物品上相应地减少消费。在经济学中，当收入减少时，对一种物品的需求也相应减少，这种物品就是正常物品。一般把正常物品定义为：在其他条件相同时，收入增加会引起需求量相应增加的物品。

在人们的日常生活中，消费者购买的物品，并不都是正常物品，随着人们收入水平的提高，人们会对某种物品的需求减少，这种物品就是所谓的低档物品。从经济学的角度来看，一般将低档物品定义为：在其他条件相同时，随着收入的增加，引起需求量相应减少的物品。

（二）相关商品的价格

相关商品是指与所讨论的商品具有替代或者互补关系的商品。

在其他条件不变时，当一种商品价格下降时，减少了另一种商品的需求量，这两种物品被称为替代品。两种替代商品之间的关系是：价格与需求呈现出同方向变动，即一种商品价格上升，将引起另一种商品需求增加。

在其他条件不变时，当一种商品价格下降时，增加了另一种商品的需求量，这两种物品被称为互补品。两种互补商品之间的关系是：价格与需求呈反方向变动，即一种商品的价格上升，将引起另一种商品需求减少。

（三）偏好

决定需求的另一明显因素是消费者偏好。人们一般更乐于购买具有个人偏好的商品。人们的偏好，受很多因素的影响，如广告、从众心理等。当人们的消费偏好发生变动时，相应地，对不同商品的需求也会发生变化。

（四）预期

人们对未来的预期也会影响人们现期对物品与劳务的需求。对于某一产品来说，人们通过预期认为该产品的价格会发生变化，若预期结果是涨价，人们会增加购买数量；若预期结果是降价，那么人们会减少当前的购买数量。

（五）购买者的数量

购买者数量的多少是影响需求的因素之一，如购买者数量的增加将会使商品需求数量增加；反之，购买者数量的减少会使商品需求数量减少。

四、需求量的变动与需求的变动

（一）需求量的变动

需求量的变动是指其他条件不变的情况下，商品本身价格变动所引起的商品需求量的变动。需求量的变动表现为同一条需求曲线上点的移动。在影响消费者购买决策的许多其他因素不变的情况下，价格的变化直接影响着消费者的消费需求在经济学中，这就是需求量的变动。

（二）需求的变动

在经济分析中，除了要明确“需求量的变动”，还要注意区分“需求的变动”。需求的变动是指商品本身价格不变的情况下，其他因素变动所引起的商品需求的变动。需求的变动表现为需求曲线的左右平行移动。

在需求曲线中，当出现影响消费者的商品需求因素，也就是需求的变动，在某种既定价格时，当人们对商品需求减少时，表现在需求曲线中就是曲线向左移；当人们对商品需求增加时，在需求曲线中就表现为需求曲线向右移。总而言之，需求曲线向右移动被称为需求的增加，需求曲线向左移动被称为需求的减少。

引起需求量的变动和需求的变动的原因不同，其不仅受到商品价格、收入、相关商品价格的影响，还受到偏好、预期、购买者数量的影响。

第三节　市场供给分析

一、供给的含义

供给是指卖方在某一特定时期内，在每一价格水平时，生产者愿意而且能够提供的商品量。供给是生产意愿和生产能力的统一，缺少任何一个条件都不能成为有效供给。这也就是说，供给是卖方根据其生产意愿和生产能力决定想要提供的商品数量。通常用供给表、供给曲线和供给定理三种形式来表述供给。

二、供给表

供给表是表示在影响卖方提供某种商品供给的所有条件中，仅有价格因素变动的情况下，商品价格与供给量之间关系的表格。

三、供给曲线

如果供给表用图形表示，根据供给表描出的曲线就是供给曲线。供给曲线是表示一种商品价格和供给数量之间关系的图形。横坐标轴表示的是供给数量，纵坐标轴表示的是价格。若是供给曲线是向右上方倾斜的，这反映出商品的价格和供给量之间是正相关的关系。

四、供给定理

从供给表和供给曲线中可以得出，某种商品的供给量与其价格是呈现出相同方向变动的。价格与供给量之间的这种关系对经济中大部分物品都是适用的，而且，实际上这种关系非常普遍，因此，经济学家称之为供给定理。

供给定理的基本内容是：在其他条件相同时，某种商品的供给量与价格呈现出同方向变动，即供给量随着商品本身价格的上升而增加，随着商品本身价格的下降而减少。

五、影响供给的因素

有许多变量会影响供给，使供给曲线发生移动，以下几项因素尤为重要。

（一）生产要素价格

为了生产某种商品，生产者要购买和使用各种生产要素：工人、设备、厂房、原材料、管理人员等。当这些投入要素中的一种或几种价格上升时，生产某种商品的成本就会上升，厂商利用原有投入的资金，将会提供相对减少的商品。如若要素价格大幅度上涨，厂商则会停止生产，不再生产和供给该商品。由此可见，一种商品的供给量与生产该商品的投入要素价格呈负相关。

（二）技术

在资源既定的条件下，生产技术的提高会使资源得到更充分的利用，从而引起供给增加。生产加工过程的机械化、自动化将减少生产原有商品所必需的劳动量，进而减少厂商的生产成本，增加商品的供给量。

（三）相关商品的价格

两种互补商品中，一种商品价格上升，对另一种商品的需求减少，供给将随之减少。互补商品中一种商品的价格和另一种商品的供给呈负相关。

两种替代商品中，一种商品价格上升，对另一种商品的需求增加，供给将随之增加。替代商品中一种商品的价格和另一种商品的供给呈正相关。

（四）预期

企业现在的商品供给量还取决于对未来的预期。若是预期未来某种商品的价格会上升，企业就将把现在生产的商品储存起来，而减少当前的市场供给。

（五）生产者的数量

生产者的数量一般和商品的供给呈正相关关系，即如果新的生产者进入该种商品市场，那么，市场上同类产品的供给就会增加。

六、供给量的变动与供给的变动

（一）供给量的变动

供给量的变动是指在其他条件不变的情况下，商品本身价格变动所引起的商品供给量的变动。供给量的变动表现为沿着同一条供给曲线上的点移动。

影响生产者生产决策的许多其他因素不变的情况下，在任何一种既定的价格水平时，生产者提供相对应的商品数量。价格变化会直接导致商品供给数量的变化，在经济学中被称为“供给量的变动”。

（二）供给的变动

与需求相同，在经济分析中，除了要明确“供给量的变动”，还要注意区分“供给的变动”。供给的变动是指商品本身价格不变的情况下其他因素变动所引起的商品供给的变动。供给的变动表现为供给曲线左右平行移动。

供给的变动，在某种既定价格时，当某种商品价格上涨时，厂商对该商品的供给减少，此时供给曲线向左移；在某种既定价格时，通过科技手段来使该商品的生产能力变强时，此时供给曲线向右移。供给曲线向右移动被称为供给的增加，供给曲线向左移动被称为供给的减少。

第四节　市场均衡与政府政策

一、市场与均衡

市场上，需求和供给主要是通过价格调节的，下面围绕着这一主题首先分析需求曲线和供给曲线如何共同决定均衡价格与均衡产量（均衡价格下的需求量和供给量），为什么市场处于均衡状态时社会总剩余达到最大，买者和卖者之间的竞价如何使得非均衡状态向均衡调整。最后，简要介绍一般均衡理论，并讨论市场中的非价格机制。

市场将消费决策和生产决策分开，消费者不生产自己消费的产品，生产者也不消费自己生产的产品。但市场又通过交换将消费者和生产者联系起来。市场的本质是一种交易关系，它是一个超越了物理空间的概念。随着信息时代的到来，电子商务已经成为交易的一种新的形式，很多交易是在互联网上依托电子商务服务器完成的，在这里我们看不到具体的交易场所，但是这些网络虚拟的交易场所仍然是在我们经济学研究的市场中进行的。市场的类型多种多样，不仅有物质产品和服务产品的交易市场，也有作为投入品的要素市场。还有很多无形的标的物也可以成为市场的交易对象，如专利市场、思想市场等。

无论什么市场，都存在买者和卖者两方。市场交易是一个竞争的过程，不仅有买者和卖者之间的竞争，而且有买者之间的竞争和卖者之间的竞争。比如，生产者之间为获得消费者、销售产品而竞争，消费者之间为获得产品而竞争。竞争，意味着每个人都有自由选择的权利，即向谁买、买什么和卖给谁、卖什么的自由。只有在各方都有自由选择权利的制度下，才可以谈得上交易，才能够称为市场。

（一）均衡价格

1. 均衡的定义

经济学分析市场的一个基本工具是均衡。均衡分析有 100 多年的历史，至今仍然是一个强有力的分析工具。均衡分析最初是经济学家从物理学中借用过来的，它是一种分析不同力量相互作用的方法。在宇宙空间中存在着各种各样的力量，各种力量相互作用，达到一种稳定的状态，即均衡状态。在均衡状态下，没有任何事物会发生新的变化。市场上，供给和需求是两种基本的力量。经济学中的市场均衡，就是指供给和需求的平衡状态。

2. 市场均衡的核心

市场均衡是指供给和需求的平衡状态。价格是市场均衡的核心，需求和供给都受价格影响，都是价格的函数。但需求和供给对价格作出反应的方向不同：需求量随着价格的下跌而上升，供给量随着价格的上升而上升。因此，需求量和供给量不可能在任何价格下都相等。但需求和供给的反向变化也意味着，使得需求量和供给量相等的价格是存在的。在经济学上，我们把使得需求量和供给量相等的价格称为均衡价格，对应的需求量（供给量）称为均衡产量。也就是说，在均衡价格下，所有的需求量都能得到满足，所有愿意在这个价格下出售的产品都可以卖出去。

3. 均衡价格与边际成本

均衡价格是指当需求量等于供给量的状况下，由需求曲线和供给曲线的交点决定的。

（1）供给曲线与边际成本曲线重合。供给曲线与边际成本曲线重合，需求曲线与消费者的边际效用曲线也是重合的。需求曲线上的价格代表了消费者的最高支付意愿，也就是厂商要把某一固定产量的商品全部销售出去，可以卖出的最高价格。为什么随着产量的增加，消费者愿意付的钱越来越少？因为边际效用是递减的。也就是说，每个人一开始总是满足最迫切的需要，他愿意为最迫切的需要付出的代价最大；迫切的需要满足之后，对于不那么迫切的需要，愿意付出的代价相对较小。

（2）供给曲线与生产者的边际成本曲线重合。它可以理解为厂商愿意接受的最低价格。只有消费者愿意付出的价格高于或至少不低于生产者愿意接受的价格时，交易才会给双方带来好处，产品才有可能成交。假设一件商品买家最高只愿意出 10 元钱，但卖家最低只能接受 12 元钱，那么交易就不会出现。因此，有效率的交易只会出现在均衡点的左侧，即需求曲线高于供给曲线的部分。

4. 均衡价格与边际效用

根据前面的论述，均衡价格也可以看作消费者的边际效用等于生产者的边际成本时对应的价格水平。这是因为消费者的最优选择意味着他愿意接受的市场价格等于其边际效用，生产者的最优选择意味着他愿意接受的市场价格等于其边际成本。这样一来，价格就把生产者和消费者联系在一起，均衡实现了双方最优。

5. 均衡状态下的总剩余

交换带来的社会福利增加总额，即总剩余。总剩余包括两个部分：一部分是消费者剩余；另一部分是生产者剩余。消费者剩余就是消费者支付的价格和他实际支付的价格之间的差额。总收入和总成本之间的差值即生产者获得的生产者剩余，也就是利润，其计算公式如下：

$$总剩余 = 消费者剩余 + 生产者剩余$$

均衡不是现实，而是现实发生变化背后的引力。只有在均衡条件下，总剩余才能达到最大，此时的市场效率是最大的。如果市场处于均衡状态的左侧，有一部分价值没有办法实现；如果市场处在均衡状态的右侧，消费者愿意支付的价格小于生产者愿意接受的最低价格，由此会出现亏损，造成社会福利的损失。所以均衡本身对应的是经济学上讲的“最大效率”，偏离均衡就会带来效率损失。当然，现实生活中我们不可能总是达到最大效率这种状态。

（二）均衡的移动和调整

如前所述，不管是供给曲线，还是需求曲线，均会受到很多因素的影响，并且这些影响因素是随时间变化的。均衡点会随时间变化而变化，价格和供求的调整过程是动态的，就像追踪一个移动的靶子，而不是追逐着一个固定的目标。

从动态角度来看，市场总是处于调整当中，现实经济总是处于非均衡状态。现实中的价格总是和理论上的均衡价格不完全一样，但市场价格总是围绕随时间变化的均衡点不断调整。这就是均衡分析的意义所在。

最后需要指出的一点是，前面我们把均衡点的变化和调整过程当作一个非人格化的过程。事实上，在现实市场中，均衡点的变化和调整主要是通过企业家活动实现的。企业家是善于判断未来、发现不均衡并组织生产、从事创新活动的人。尽管企业家也会犯错误，但正是他们的存在，使得市场经济不仅有序，而且在不断发展。

（三）非均衡状态及其调整

非均衡状态可以划分为两类，分别是：实际价格低于均衡价格，或实际价格高于均衡价格。通常情况下，当价格低于均衡价格时，消费者愿意购买的数量大于生产者愿意出售的数量，这就出现了供不应求的现象；当价格高于均衡价格时，消费者愿意购买的数量小于生产者愿意出售的数量，这就出现了供大于求的现象。无论哪种情况，都有一方的意愿不能实现，从而导致效率损失。

1. 非均衡状态概述

为什么会出现非均衡状态？最基本的原因是在现实市场中，信息是不完全的。在理想状态下，通常假定信息是完全的，每个人都知道供求曲线和交点的位置。但在这个假设下，不会有非均衡，这与现实是有出入的。市场通常由若干买家和卖家组成，他们当中每一个个体的决策都会影响整个市场，但没人知道市场的需求曲线和供给曲线具体是什么形状，消费者甚至连自己的需求曲线都画不出来，生产者也画不出自己的供给曲线，更没有人能准确知道其他人的需求和供给，因此，没有人确知均衡点究竟在哪里。但实际交易就是在这种情况下发生的。尽管出于自身利益的考虑，消费者会寻找合适的卖方，生产者也会寻找合适的买方，并希望获得对自己最有利的交易条件，但这又会带来交易成本和等待的成本。因此，交易不可能从均衡价格开始。不均衡状态还可以理解为一种后悔的状态：当消费者按照商家的标价购买一件商品后，过一段时间发现该商品价格下降了，那当初消费者实际支付的价格就是非均衡价格，这就表现出消费者的“后悔”。同样，当生产者把产品卖出后如果发现价格上涨了，也会感到“后悔”。

2. 现实交易向均衡状态的调整

尽管现实不可能处于均衡状态，但现实交易总是有向均衡状态调整的趋势。这种调整是买者和卖者竞争的结果，买者之间和卖者之间的竞争使价格从不均衡趋向均衡。现在就来分析一下可能的调整过程。首先考虑价格低于均衡价格的情况。设想由于某种原因，企业预期的价格低于均衡价格。此时，市场上供给的产品数量将少于消费者愿意购买的数量。当一部分消费者发现自己的购买意愿难以实现时，他们就愿意支付更高的价格；企业看到奇货可居，也会提高价格。随着价格的上升，一方面，消费者会减少需求，有些消费者甚至会完全退出市场；另一方面，企业会修正自己的预期，看到价格上升就会增加供给。如此这般，只要供给小于需求，价格就会向上调整，需求量随之减少，供给量随之增加，直到均衡为止。

现在考虑价格高于均衡价格的情况。如果市场价格高于均衡价格水平，企业会选择较高的产量，但在市场上，需求量低于产出量，造成部分商品生产出来后卖不出去。此时，由于销售困难，部分厂商会选择降价销售，以便清理库存，结果市场价格逐渐下降。随着价格的下降，企业相应地减少产量，部分原来的生产者退出了市场，导致市场供给量下降；同时，随着价格的走低，部分潜在消费者进入了市场，需求量增加。如此这般，只要供给大于需求，价格就会向下调整，需求量随之增加，供给量随之减少，直至均衡为止。

（四）亚当·斯密论的价格调整

市场上任何一个商品的供售量，如果不够满足对这种商品的有效需求，那些愿支付这种商品出售前所必须支付的地租、劳动工资和利润的全部价值的人，就不能得到他们所需要的数量的供给。他们当中有些人，不愿得不到这种商品，宁愿接受较高的价格。于是竞争便在需求者中间发生。而市场价格便或多或少地上升到自然价格以上。价格上升程度的大小，要看货品的缺乏程度及竞争者富有程度和浪费程度所引起的竞争热烈程度的大小。

反之，如果市场上这种商品的供售量超过了它的有效需求，这种商品就不可能全部卖给那些愿意支付这种商品出售前所必须支付的地租、劳动工资和利润的全部价值的人，其中一部分必须售给出价较低的人。这一部分商品价格的降低，必使全体商品价格随着降低。这样，它的市场价格，便或多或少降到自然价格（类似长期均衡价格）以下。下降程度的大小，要看超过额是怎样加剧卖方的竞争，或者说，要看卖方是怎样急于要把商品卖出的。

如果市场上这种商品量不多不少，恰好够供给它的有效需求，市场价格便和自然价格完全相同，或大致相同。所以，这种商品全部都能以自然价格售出，而不能以更高价格售出。各厂商之间的竞争使他们都得接受这个价格，但不能接受更低的价格。

当然，无论供不应求还是供过于求，现实中的调整都比我们上面描述的要复杂一些。比如，在供不应求的情况下，市场价格也许会短期内冲到消费者可接受的最高点，然后再随着供给量的增加逐步回落，经过一段时间的震荡后，逐步趋于均衡；在供过于求的情况下，市场价格也许会短期内跌落到消费者愿意支付的最低点，然后随着供给量的减少逐步回升，经过一段时间的震荡后，逐步趋于均衡。

调整过程需要多长时间，对于不同的产品和不同的市场是不同的。特别是，由于需求很容易及时调整，调整的快慢主要取决于产品的生产周期。生产周期越长的产品，调整的速度越慢。例如，农作物的生产周期是以年计算的，调整至少需要一年的时间；而服装的生产周期很短，调整相对快一些。

容易设想，如果需求曲线和供给曲线不随时间而变化，则不论调整的时间多长，市场价格最终一定会收敛于均衡水平。现实中，尽管绝大部分产品市场达不到经济学意义上的均衡，但仍然可以达到日常生活意义上的均衡，即在现行的价格下，消费者的意愿需求总可以得到满足，生产者也可以售出自己计划生产的产品。实际价格的相对稳定性就证明了这一点。

现实市场之所以达不到经济学意义上的均衡，是因为需求曲线和供给曲线都随时间变化而变化。

（五）一般均衡与非价格机制的调整

1. 一般均衡理论

单一产品市场的均衡是局部均衡。一般均衡或总体均衡，是指所有市场同时达到均衡的状态。这里的市场不仅包括产品市场，还包括劳动力市场和资本市场。本书在此处研究的主要是产品市场的一般均衡。

（1）一般均衡的定义。所有的产品，需求量等于供给量，即市场实现了一般均衡，或者说，消费者的总支出等于生产者的总收入（现实中，消费者的收入是通过要素价格的形式获得的）。

经济学家花了将近100年的时间，孜孜以求证明一般均衡的存在性和稳定性。最初，经济学家试图用求解联立方程的方式证明解的存在性和稳定性，但并不成功。20世纪50年代，阿罗、德布罗等人应用拓扑学和数学上的不动点定理，建立了现在经济学的一般均衡理论，并因此获得了诺贝尔经济学奖。因此，一般均衡又称为阿罗—德布鲁定理。

（2）一般均衡的基本特征。在均衡状态，每个消费者都达到效用最大化的消费选择，每个生产者都达到利润最大化的产量选择；所有的产品市场都出清，所有的要素市场都达到供求平衡；所有消费者都能买到自己想买的产品，所有生产者都能卖出自己计划生产的产品；想找工作的劳动者一定能找到工作，想雇人的企业一定能雇到人；想借钱的生产者一定能借到钱，能出借的贷款人一定能把钱贷出去。

（3）一般均衡的条件。一般均衡有一个条件，即如果一种产品出现过剩，则价格等于零，等于说它给人们带来的边际效用为零。完全竞争企业的收入等于成本，没有超额利润。

（4）理论上的一般均衡。理论上，一般均衡是通过价格的不断试错而实现的：对于任意给定的一组价格，如果某种产品供过于求，该产品的价格就向下调整；

如果供不应求，该产品的价格就向上调整。这样，经过若干次的调整，所有产品的价格都趋于均衡。

（5）一般均衡的意义。一般均衡在理论上很完美，但现实经济不可能达到一般均衡。尽管如此，研究一般均衡理论仍然是很有意义的，第一，它为分析市场提供了一个参照系；第二，它有助于分析政策的直接和间接效果。

一个经济体系中，任何一次市场的价格变化不仅仅会引起该商品需求和供给的变化，而且会对其他商品的需求和供给产生影响，甚至引发劳动力市场、土地市场等要素市场的变化。这就是我们日常讲的“牵一发而动全身”。一般均衡模型可以把这些直接效果和间接效果都考虑进去，因此可以分析任何一个变量的变化引起的总体效果。

比如，当政府对某种商品征税时，为了理解由此引起的整个经济的总效率如何变化，我们不仅要考虑税收如何影响商品的供求和价格，而且要考虑其他商品与要素的供求和价格如何变化。只有这样，我们才能准确评价政府征税对现实经济的总体影响。因此，一般均衡理论对福利经济学非常重要。当然，正因为一般均衡分析过于复杂，大部分经济学家仍然偏好于局部均衡分析。一般均衡理论也意味着，如果由于某种原因某种商品的市场偏离了原来的均衡，则所有其他商品的市场也应该会偏离原来的均衡。

又如，假定经济由两种商品组成，在均衡的情况下，第一种商品的产量是 8 个单位，第二种商品的产量是 10 个单位。如果政府规定第一种商品只能生产 7 个单位，那么，第二种商品的最优产量就应该作相应的调整，而不应该是原来的 10 个单位。这就是所谓的“次优理论”。

2. 市场的非价格机制

（1）非价格机制调节概述。非价格机制是指通过配额、排队、限制等手段来调节供求。一般来说，价格是协调供求最有效的手段，如果价格不受管制，那么自由的市场竞价会使市场趋向均衡，尽管不能每时每刻都达到均衡。有时候政府会出于收入分配或其他目的限制竞价，如政府对一些特定产品实行配额生产或消费，政府有时候也要求企业必须雇用某些特定的员工。如我们前面指出的，整体来说，政府利用非价格手段干预市场会使经济产生效率损失。但值得注意的是，在市场经济中，企业也会使用一些非价格手段调节需求。比如，当某种产品非常紧俏的时候，厂家并不一定把价格提高到供求相等的水平，而是在维持价格不变的情况下实行限额购买。特别是，在金融市场和劳动力市场上，企业使用非价格手段更为频繁。又如，银行并不把利率调整到某一水平，使得所有想贷款的人都能贷到款，而是对所有申请贷款的人进行资格审查，然后再根据审查结果决定将款项贷给谁、不贷给谁以及贷多少。在劳动力市场上，即使求职者愿意以更低的工资获得工作机会，企业也可能不愿意降低工资，而是宁可在保持工资不变的情况下雇用符合其要求的工人。

（2）非价格机制的应用。企业为什么使用非价格手段？无疑，有些情况下企业这样做是出于非经济因素的考虑，包括社会公正、舆论压力等。比如，在自然灾害发生时，企业不把产品价格提高到供求均衡的水平，可能是因为希望给每个人提供基本的生活保障，也可能是害怕相关舆论压力。但总体来说，企业使用非价格手段通常也是出于利润最大化的动机。事实上，这些手段之所以被认为是非价格手段，是因为人们对产品的定义有误解。很多非价格机制，在其本质上可以还原价格机制。

现实中有一种定价叫作打包价格机制。例如，迪士尼乐园的一张门票包含若干活动项目，理论上，消费者拿一张通票可以玩所有的项目，但实际上一天下来去不了几个地方，因为每个地方都排着很长的队。所以，名义价格不变，不等于实际价格不变，非价格调节机制可以改变真实的价格。

二、政府干预的效率损失

（一）价格管制及其后果

在市场经济国家，政府有时会对价格和工资实行限制。与计划经济的政府定价不同的是，市场经济国家的价格管制一般只规定最高限价或最低限价，而不是直接定价。最高限价，即规定交易价格不能高于某个特定的水平，也就是卖出商品的标价不能超过规定的最高价格。最高价格一定低于均衡价格，否则是没有意义的。

最高限价会带来什么后果呢？从效率上来看，本来一些不是非常需要这个商品的人也进入了市场，该商品对这些消费者的效用并不高，但他们也很可能获得该商品，这对于社会资源而言是一种浪费。而该商品对另外一些人的价值较大，但在限价后他们可能买不到这种商品，这又是一种损失。政府会有什么对策呢？既然需求大于供给，政府可以选择的一个办法是强制企业生产市场需要的产量。这就是价格管制经常会伴随计划性生产的主要原因。强制生产的结果是什么？假如政府的生产计划确实能够实现，此时生产的边际成本远远大于商品给消费者带来的边际价值，这是一种社会资源的浪费。

有时候政府制定了最高限价并强制企业生产，如果企业亏损则给予财政补贴。但这会弱化企业降低成本的积极性，甚至诱导企业故意增加成本、制造亏损，因为亏损越多，得到的补贴越多，不亏损就没有补贴。这又是一种效率损失。

如果政府没有办法强制企业生产，那就只能配额消费。配额会引起什么问题呢？如果政府通过抓阄的方式随机分配配额，将导致前面讲的效率损失，因为能得到该商品的并不一定是需求最迫切的消费者。

现在我们转向讨论最低限价政策。最低限价的直接目的是使交易价格高于市场均衡价格。与最高限价的情况相反，如果政府为了保护某个产业，出台政策规定相关产品的交易价格不能低于某个最低价格，这将导致供过于求。

为了解决供过于求的问题，政府就不得不实行配额生产。即便政府能够保证把配额分配给成本最低的企业，但由于与需求量对应的产量小于均衡价格下的产量，也存在效率损失。当然，政府也可以强制消费者购买过剩的产量，但这样做不仅损害了效率，而且限制了消费者的选择自由。如果政府既不能成功地实行生产配额，也不能成功地强制消费，最低限价也就没有办法维持。解决问题的办法是把生产者价格和消费者价格分开，这就需要对生产者给予价格补贴，每单位产品的补贴额等于生产者价格和消费者价格的差额。对生产者来说，这种补贴是一种收益，但对整个社会来讲，则是总剩余的减少。

（二）税收如何影响价格

政府干预市场的另一个方式是征税。政府需要征税获得财政收入，税收的结构和额度将会改变市场的均衡状态。政府征税类似在供求之间加入一个楔子，对价格和交易量都会产生影响。税负最终是由谁来承担？这依赖于需求曲线和供给曲线的特征。但是无论如何，税负通常会降低交易效率。

1. 从量税

现在我们引入政府征税。税收中有一种税叫作从量税，是对生产者销售的每一单位产品进行征税。征收这种从量税以后，成交价格上涨了，均衡数量下降了。

下面我们来分析税收是由谁来承担的。表面上看消费者没有直接交税，但并非如此，实际上消费者与生产者共同承担起了税收。政府征收的税收可以作为转移支付，不会降低总剩余。但是征税后交易量的下降却降低了总剩余。可见，从量税会导致一定的效率损失。另外一种从量税是对消费者征税，与政府对生产者征税时相同。

现在我们来看一种特殊的情况。假如需求曲线向下倾斜，垂直的供给曲线不发生变化，均衡价格、量产也不变化，在这种情况下，税收全部由生产者承担。如果从量税是对消费者征收的，消费量没变，实际支出与没有税收时是一样的。税收仍然全部由生产者承担。再看另外一种情况，假如供给是有弹性的，而需求是无弹性的，也就是我们通常所说的“刚需”。生产者没有承担税收，此时税负全部由消费者承担。假设供求曲线不变，税负这时仍全部由消费者承担。只要需求和供给都有一定的弹性，税收就会造成生产效率的下降。

由此我们可以得出这样的结论：如果供给是无限弹性的，需求是有弹性的，税收将全部由生产者承担；如果需求是无限弹性的，供给是有弹性的，税收将全部由消费者承担。

一般情况下，无论向哪一方征税，供给弹性和需求弹性的比值直接决定着税负的分担比例，简单来讲，就是供给与需求哪一方弹性小，相应的负担的税收就大。一方面，需求弹性相对小，则消费者承担的税负比重高；另一方面，供给弹性相对小，则生产者承担的税负比重高。政府的税收政策一般会带来效率损失。只有在需求或供给无弹性的时候，税收才不造成效率损失，此时税负全部由消费者或生产者承担，没有导致交易数量的变化。只要需求和供给都有一定的弹性，税收就会造成生产效率下降。

生活必需品的需求弹性是比较小的，比如粮食价格上涨 50%，人们的消费量不会减少50%。所以对生活必需品的征税大部分转嫁给消费者。奢侈品通常需求弹性比较大，承担税负的主要是生产者。

2. 从价税

从量税是根据销售数量定额征收，从价税则是根据销售价格按一定比例征收。无论哪种情况，只要供给和需求都是有弹性的，税收就会产生效率损失。

3. 所得税

除了对交易征税，政府还会对个人和企业的收入征税，称为所得税。它是以所得额为课税对象的税收的总称。很多地方征收公司所得税，同时还有个人所得税。所得税收影响生产者的积极性，因而会影响产品价格。

第五章 多元视角下企业经济管理实践与创新

第一节　企业经济管理实践与创新

一、我国企业经济管理概况

在市场经济体制下，尤其是随着我国社会主义市场经济体制的日益完善，企业依照创新特别是观念创新、制度创新来赢得更大市场份额、获取更大市场竞争力的需求越来越迫切。所谓企业经济管理，主要是指企业依托自己的长远规划和战略目标，采用系统理论发现企业管理中的不足，并提出有针对性的解决措施，以期能够提高企业的核心竞争力、增加企业的经营利润，并获得可持续发展能力。

面对当前的市场竞争与市场需求情况，我国的企业如何实现持续、良好的发展成为目前的研究热点和难点。不少经济学家认为，在新的外部环境变化的影响下，国内企业需要重新规划自己的发展战略，不断评估市场的需求变化情况，以期通过自己的变革来适应当前的发展环境。企业的经济管理非常强调系统管理方法，创新企业经济管理制度，需要全面审视企业当前的内部制度和外部环境的匹配程度，重点从企业的生产、人力资源、内部控制等方面进行突破。经济管理的创新应是全方位的，既要有企业管理理念、危机意识方面的构建和创新，更要有制度方面的完善和变革，只有真正做到现代化的、全方位的管理制度革新，才能够适应新的市场环境。

二、企业经济管理创新中存在的问题

对一个企业而言，创新能够使其更好地适应内外部环境的变化，打破系统原有的平衡，创造企业新的目标、结构，实现新的平衡状态，没有创新就没有发展。特别是在当前市场波动剧烈，企业生存压力大的背景下，只有企业经济管理的创新，才能将企业计划、组织、领导、控制等职能推进到一个新的层次，适应环境的变化，赢得竞争的优势。

目前而言，企业经济管理创新中存在以下几个方面的问题。

（一）企业经济管理创新落实不到位

创新的重要作用已经得到了业界的普遍认可，但在如何落实方面，许多企业还存在着重形式、轻落实的问题。一是管理层缺乏对经济管理创新的认识。当前企业管理者往往将更多的精力投入企业设备升级、人力资源培养等方面，但对经济管理创新缺乏全面的认识，使得创新的力度不够，效果不佳。二是工作人员缺乏对经济管理创新的动力。经济管理人员往往依照企业传统的管理模式和经验，对经济管理创新缺乏必要的认识，在工作中照搬照抄以往的方式，创新力度不足。三是企业上下缺乏经济管理创新的氛围。企业整体创新氛围不浓，特别是一些中小企业，其多为家族式、合伙式的模式，没有在企业中将创新作为企业发展的最核心动力并加以落实。

（二）企业经济管理创新缺乏人才支撑

人才是企业经济管理实施的关键。但在实际工作中发现，企业经济管理工作人员存在着不少的问题，影响了创新的形成。一是观念不正确。许多人员将创新作为企业管理层的行为，而对自身的作用没有充分的认识，往往是被动式的工作，而对能否更好地提高工作质量没有足够认识。二是动力不足。企业对员工创新的鼓励措施不到位，没有充分调动员工的积极性，影响其作用的发挥。三是监管不得力。企业内部管理不够规范，对经济管理行为没有给予科学的评估标准，干好干坏的差距不明显，造成了企业管理的效益低下。

（三）企业经济管理创新缺乏制度保障

企业经济管理活动是一个涉及企业方方面面的系统工程，其创新的实现需要一定的条件作为保证。但在实际的工作中，许多企业由于缺乏必要的保障，导致创新难以实现。一是经济管理组织不合理，一些很好的创新方法难以得到有效的落实，而组织结构的不合理也造成企业经济管理效率不高。二是经济管理评价不科学。企业对经济管理工作的评估体系不科学，也使得相关人员工作标准不明，影响了工作的质量和效果。三是缺乏必要的奖励机制。许多企业对经济管理创新没有足够的奖励，因此企业只能照搬照抄其他企业的经验，而不能针对自身的特点，采取必要的措施，加以改进，造成了经济管理的效益低下，而对一些有着一定价值的创新模式没有加以落实，对相关人员给予的奖励不足，也造成了员工对企业经济管理的兴趣不足，影响了经济管理的开展。

三、企业经济管理创新的重点

企业经济管理作为企业一项核心工作，其创新的价值对企业发展具有重要作用，因此要抓住重点，以点带面促进企业经济管理质量的跃升。

（一）观念创新是企业经济管理的基础

企业经济管理必须紧密结合市场的发展变化和企业现实的特点，而不能一味地沿袭传统的模式，因此首先要在观念上树立与时俱进的意识。一是管理层要树立创新是核心的意识，就是要求企业管理层要将创新作为企业管理的重点，将创新作为考评员工工作质量的重要依据，为其提供良好的外部环境。二是工作人员树立创新是职责的意识，就是要培养其创新的内在动力，使其将随时改进管理模式、创新工作方法作为工作的重要职责，加以贯彻落实。三是员工要树立创新是义务的意识，就是要积极鼓励普通员工加入企业经济管理创新的活动中，集思广益，实现企业经济管理质量的提升。

（二）技术创新是企业经济管理的保障

要发挥当前科技进步的优势，将计算机、网络、自动化平台等先进的设备加入经济管理活动中。一是建立完善的管理数据库。企业经济管理涉及企业的方方面面，因此建立完善的数据库能够有效地提高管理的质量和效益，为管理人员提供精确的数据，促进管理质量。二是建立科学、亲民的管理平台。要建立科学、亲民的互动平台，能够让员工有通畅的渠道反映问题、提出建议，为经济管理工作的改进提供支持，如建立企业论坛、聊天群等模式。

（三）组织创新是企业经济管理的关键

组织模式代表了一种对资源的配置方式，包括对人、财、物等资源及其结构的稳定性安排。特别是在当前信息量大、市场变化剧烈的环境下，如何建立适应市场要求、满足企业发展需要的组织模式，就成了企业经济管理创新的关键。因此，一是建立精干的管理组织，即要通过职能分工细化等方法，结合先进的科技手段建立精干的管理组织体系，摆脱传统的机构臃肿、人浮于事的问题。二是培养核心的团队精神，就是要通过企业文化的影响、管理结构的改变，提高企业管理人员的凝聚力、向心力，形成企业经济管理的合力，为创新的落实提供可靠保证。三是树立高效的组织形式，就是通过分工合作、责任追究等方法，促进企业管理模式的改变，建立高效、务实的管理形式。

（四）人才培养是企业经济管理的核心

人才是企业的核心竞争力。一是加强现有人员的培养。对企业现有的经济管理人员可以通过在职培训、脱岗培训等方式，提升其素质，将创新的观念渗透其思想，促进管理质量的提高。二是提高新进人员的素质。在对新进人员的招录方面，提高标准，改变传统的仅以学历为条件的方法，对其创新能力、综合素质进行多角度考核。三是科学规划人员的发展。企业要为其经济管理人员的发展提供保障，在岗位设置、薪酬等方面给予保证。

四、企业经济管理创新的途径和方法

（一）以先进理念作为指导思想

探索新时代企业进行经济管理创新的途径和方法，必须有先进的理念作为指

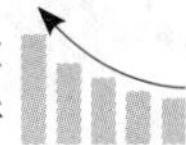

导思想。只有在先进理念的指导下，才能够确保经济管理制度创新方向和原则的正确性，才能够保证企业的创新规划符合企业的根本发展战略，才能够保证企业制定出科学的、合理的管理策略和执行方法。

具体而言，在企业进行经济管理创新中贯彻先进理念，必须做好以下两点。

第一，坚持企业全体人员统一的理念贯彻路径。首先，企业的管理层和领导人需要自觉地掌握先进理念，作为企业发展的领头人，他们的经营理念是否先进将会直接决定企业的发展状况；其次，企业职工作为企业数量最多的集体，他们是执行经营理念的一线人员，他们的理念是否先进，将会直接影响企业各种管理制度、经营方针的执行效果。因此，贯彻和落实先进理念需要企业高层和企业基层共同努力，让企业的全体人员均能够以先进的理念创新经济管理，并高效执行各种相关政策。

第二，要勇于破除旧理念。破除旧理念需要极大的勇气和卓越的见识。企业领导层在逐步纠正旧理念的过程中，需要循序渐进，切忌急功近利，要坚持步步为营、稳扎稳打，让企业组织在彻底消化一部分新理念的基础上来逐步推动新理念的完全落实，避免因为行动的过激和过急导致企业经济管理的混乱或无所适从。

（二）实现经济制度的创新与完善

制度的完善与创新能够让经济管理的改革持久发挥作用，这是在探索企业经济管理创新过程中总结出的重要经验。企业经济管理的创新成果需要通过制度的建立来进行巩固。完善和创新相关制度，企业必须学会通过建立约束性条款的方式来让企业自身和全体人员依照相关规定自觉运行，并密切企业和全体人员之间的联系。为了激发企业潜在的创新能力，需要构建起全面、有效的激励体系，让员工的各种有益创新行为能够得到奖励，形成示范效益，进而增强整个企业的创新氛围和创新活力。另外，与制度创新相匹配的组织建设和组织创新也应该同步进行，让组织成为制度得以落实的有力载体，推动企业的全面可持续发展。

（三）强化企业的内部控制管理

企业的内部控制是经济管理中重要的组成部分，企业应强化内部控制管理，完善企业监督体系，端正企业内部各部门的认真、负责的态度，避免各种不合规章制度的行为发生。

（四）提高企业的信息化技术实力

信息化技术是实现经济全球化和经济一体化的基本保证，是当代社会化生产高速发展的首要条件之一。实现企业信息化，既是社会改革的需求，也是企业适应市场发展的需要。当前我国企业随着信息化技术的不断发展，企业内部的改革不断地深入，绝大部分企业的经济管理方式正在向创新的方向迈进。为了在未来更加激烈的市场站稳脚步，企业必须变革管理方式，加强管理信息化创新方面的建设是未来必然的选择和出路。

在新的历史形势下，企业的经济管理制度必须与时俱进，不断适应变化的客观环境，满足企业新环境下的发展需求。

第二节　“互联网+”时代下企业经济管理的创新

一、“互联网+”时代下进行企业经济管理创新的必要性

随着“互联网+”时代的到来，企业若想保持自身的市场竞争力，就必须积极创新经济管理模式。经济管理是企业管理中的重要组成部分，涵盖了企业各个生产经营环节，这就需要企业充分结合社会发展趋势，对自身进行重新定位，探索出适合自身发展需求的经济管理模式。企业需要加强现代信息技术与经济管理的结合，借助信息技术准确把握市场的变化，根据市场需求对生产经营进行合理的调整，进而保持自身的竞争力，提高经济效益。随着全球经济一体化的推进，企业发展也迎来了国际化，在此转型的关键时期，如果对经济管理进行积极的创新，那么就能借助互联网技术准确地抓住机遇，不断提升自身的管理效率，实现整体实力的提升；如果缺乏对经济管理的创新，那么必定会产生诸多问题，无法适应社会发展需求，久而久之会被淘汰。因此，对经济管理进行创新十分有必要，也十分重要。

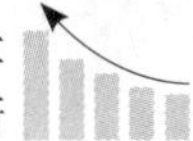

二、“互联网＋”时代下企业经济管理创新的变革

（一）营销对象的变革

传统的企业生产经营模式大多是多批次、多批量的模式，虽然我国消费者的数量巨大，但若无法满足消费者的实际需求，将很难得到消费者的青睐，进而会影响企业的经营与效益。在当前“互联网＋”时代下，企业可以借助互联网与消费者进行实时互动沟通，了解消费者的需求。此时，销售对象转变为了消费个体，消费需求也更加个性化，企业通过对不同消费者制定不同的营销策略，为消费者提供具有特色的服务，进而提高消费者对企业的满意度，使其逐渐转变为企业的忠实客户，自发地将企业产品介绍给他人，实现企业销售量的增长，提高企业的经济效益。同时，这样的方式也进一步加强了企业与消费者之间的联系，对企业的可持续发展有着积极的作用。

（二）营销基础的变革

在“互联网＋”时代下，企业营销理念发生了极大的转变，不仅要了解消费者的需求，为消费者提供良好的服务，强化彼此间的交流，同时还需要合理控制营销成本。企业需要站在消费者的角度思考问题，倾听消费者的心声，对消费者心理可能承受价格、购买意愿以及所花费的时间等进行全面的考量，进而在售前、售中、售后都能为消费者提供优质的服务。这样对提升企业的核心竞争力，适应和占据市场有着积极的推动作用，能使企业最终成为行业中的佼佼者。

（三）营销方式的变革

互联网不仅为企业与消费者之间构建了良好的交流平台，同时还为企业的宣传提供了渠道，能使更多的消费者了解企业的产品和服务。这样的方式转变了传统的营销方式，企业由间接营销转变为了直接营销，能够根据直接了解所得的消费者需求来制订合理的营销计划，这已经成为当前时代的基本要求。同时，企业通过对大数据的整合分析直观了解营销成效，并通过客观的评价对营销方式和内容进行优化调整，进而不断提高企业的经济效益，保证企业健康、稳定地发展。

三、“互联网＋”时代下企业经济管理模式创新的路径

（一）加强管理思维创新

在“互联网＋”时代下，企业若想在市场中占据一席之地，首先，必须对经济管理理念进行创新，打破传统经济管理模式的束缚。企业必须认识到现代科学技术的重要性，并将其与经济管理进行有机结合，使经济管理呈现现代化、智能化，从而提高工作的效率和质量，降低工作人员的工作压力，保证经济管理的精准度。其次，强化经济管理人员的创新意识。企业需要深入贯彻以人为本的理念，充分尊重员工的主体地位，满足员工的实际需求，调动员工的积极主动性，引导员工参与经济管理，利用现代科技手段掌握市场变化，并结合企业自身发展对经济管理进行大胆的创新，合理分配企业资源，为企业的发展奠定基础。最后，企业要具有长久发展的战略眼光，不能只注重眼前的利益，要保持忧患意识，不断地对经济管理工作进行总结，分析遇到的问题及影响因素，采取合理的方式解决问题，并且要多思考、多质疑，这样才能有效加强管理思维的创新，保证经济管理工作的稳定开展。

（二）加强管理机制创新

要想在“互联网＋”时代下实现企业经济管理的创新，不仅需要加强思维意识的创新，还需要加强管理机制的创新，健全经济管理制度，从而为经济管理工作的开展提供依据，更好地去约束工作人员的行为，明确各岗位、各人员的职责，最终实现企业经济管理的创新。“互联网＋”为企业经济管理机制的创新提供了极大的便利，企业可利用互联网去借鉴成功企业的经济管理创新经验，结合自身企业实际情况进行完善，制定出符合自身需求的管理机制，使经济管理工作更好地开展和落实。例如，在营销管理中，企业借助信息技术，能够实现对信息数据的收集和分析，从海量信息中挖掘存在的价值，分析市场消费者需求，从而有针对性地对产品、服务等进行完善，更好地促进服务转型，并且还能为产品的研发提供数据参考，有效提升了企业的经济效益。同时，在财务管理中，通过对相关财务数据进行定性和定量的分析，能够为企业的投资活动提供帮助，并且能够优

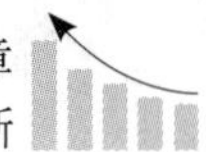

化资源配置，帮助企业规避风险，提高信息数据的利用效率。

（三）加强管理平台创新

企业需要借助互联网技术搭建全新的管理平台，为使用者提供良好的技术支持和服务支持，加强大数据统计分析的应用，做好日常生产和经营数据信息的采集，并且及时对数据进行分析和统计，将结果反馈给企业的管理者，管理者通过对分析结果中存在的异常进行探讨，从而了解影响企业发展的因素，及时地在策略上作出调整和部署，进而在管理上得到有效突破，使经济管理模式呈现出多元化的发展方向，管理内容朝着资产管理、资金管理、风险管理以及企业发展管理方向拓展。同时，企业将“互联网＋”技术应用到经济管理平台中还可以实现信息数据和资源的共享，能够实时对管理过程进行监管，及时地发现运营风险，并且有效地进行规避和控制，使企业损失控制在合理范围内。此外，企业在搭建经济管理平台时，还需要强化信息资源的利用率，充分地发挥各种资源的优势，使经济管理工作更加系统化和多元化，并借助第三方机构获得更多的消费群体，科学地调整和创新经济管理模式，进而不断促进企业的健康、稳定发展。

第三节　新媒体时代企业经济管理战略创新

一、新媒体时代企业经济管理分析

（一）新媒体时代企业经济管理现状

在市场经济快速发展的今天，企业若想占领一席之地，更进一步发展，就必须树立经济管理理念，创新经济管理的思想，只有这样才能更好地生存和发展。经济管理就是指经济管理者为实现预定目标，对社会经济活动或生产经营活动所进行的计划、组织、指挥、协调和监督等活动。简言之，经济管理就是经济管理者对经济活动的管理。

我国自加入世界贸易组织后，经济体制的改革进程不断加快。随着科学技术的进步，网络新媒体逐渐走入人们的视线，网络新媒体的实时性、数字化和广泛的参与性使它迅速地发展成为媒体行业的主流，对电视、报纸、广播、户外平面广告等传统媒体的发展带来不小的冲击。作为新兴的且被人民群众所广泛应用的新媒体，不仅给社会、给传媒行业带来巨大的影响，对企业的经济管理的影响也不容小觑。企业管理者必须认清新媒体对本行业的影响力，并且对企业的经济管理手段加以调整，以适应网络新媒体时代的发展。

在当今企业经济管理中，企业领导者和企业的管理层的观念有待更新，虽然越来越多的管理理论破土而出，但却并没有被运用到管理的实践当中。在市场经济竞争如火如荼的当下，企业管理者如果不能跟随社会经济的发展变化而提出应对之策，仍然陷在传统经营的理念中，那么企业将会在市场竞争中惨遭淘汰。

（二）新媒体时代企业经济管理的困境和出路

随着现代企业发展得越来越完善，企业之间的竞争也日趋激烈，为了能够在竞争中占据优势，推动企业的不断发展，一定要做好企业的经济管理工作。

1. 新的形势下我国企业在经济管理过程中面临的主要困境

（1）许多企业管理者对经济管理的认识不够清楚。现阶段在我国许多企业中，拥有长远眼光和全局眼光的管理者严重不足，大部分管理者对于新形势下和新情况下的经济管理认识不够清楚。很多经济管理者的眼光仍然局限在企业怎样赢利上，对于企业的人力资源、财务、市场、宣传等方面的管理及建设没有给予足够的重视，致使企业的发展出现严重的不同步现象。如企业为了赢利，往往在市场上做得很好，而在人力资源和财务等方面建设投入的力度不够，使得企业不能够实现长远且持续的发展。企业某一方面能力的严重不足都有可能会阻碍企业的发展。

（2）企业的内部结构不够科学。很多企业在创业初期，工作人员比较少，所以分工不够明确，因此监管体制也不够完善，一般都是用比较简单的方式来进行管理，甚至有时候都没有相应的管理制度，完全依靠员工的“自觉性”。因为缺乏健全的管理机构，也没有完善的组织结构，就造成企业员工之间的分工不够明确，相应的责、权、利也不够明确。这样一来，企业在管理上面存在缺陷，就无法吸引到优秀的人才。尤其是目前很多企业都缺乏优秀的科技人才及管理人才。

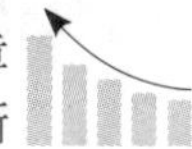

现有的技术人员，虽然是经过培训才能够上岗的，但是有些文化水平还不够高，也缺乏创新能力。这样就无法满足企业发展对于人才多样性及复杂性的需求，从而影响到企业的生存与发展。

（3）经济管理方式较为落后。假如企业经济管理的方式较为落后，那么企业很难完成复杂的任务，这就是管理效率较低的后果。另外，企业中的管理也是不可小觑的生产力，在企业经济管理中落后的经济管理工具会影响企业经济管理的生产力发展。虽然有些企业对自身的管理模式进行了相应的调整，但是，之前的经济管理模式还是会有多多少少的影响。若在经济管理中没有改变原有的管理方式，将会导致企业的经济管理不能与现在的经济发展环境相适应，不仅阻碍了经济管理水平的提高，还会影响企业的发展。

（4）企业的外部组织结构不够完善和健全。我国部分企业的权力和责任不够明确，企业内部的项目部门之间存在相互攀比的现象，也没有明确的业绩衡量指标。长此以往，会影响企业内部员工的工作效率，进而影响企业的经济效益。由于企业的某些部门的利益和费用的节约之间没有直接的关系，所以这些部门在面对困难时无法做到积极地去解决困难和矛盾，从而加大了相关的费用和成本。企业没有建立起完善的风险防控机制，在面对竞争时没有相应的对策和手段，尤其在出现紧急情况时不能够迅速地采取有效的措施，所以在市场竞争中缺乏实力和优势。企业内部没有系统和完善的人力资源管理体系和制度管理体系，也就无法建立起有效的激励和约束机制，不利于企业对于人才的监管，也不利于新人才的引进。

（5）不能适应新情况的要求。在企业经营过程中，企业进行生产经营活动的目的就是提升自身的经济效益，因此，企业要设置专门的经济管理部门进行组织管理，同时，企业的组织管理要随着企业所处的环境变化而变化。到目前为止，大多数企业也设置了经济管理部门，但是经济管理部门在其管理的过程中跟企业的各个部门之间联系不是很密切，更没有进行一定的交流和沟通，这就导致了经济管理部门对各个部门的情况了解得不够全面。另外，经济管理部门岗位设置的不合理也影响了企业正常的管理秩序，使企业的经济管理效率也降低了。

（6）经济管理制度不够完善。企业的经济管理制度的建设和完善决定着企业经济管理水平。在企业中，一个较完善的经济管理制度能有效地保证企业内部各项经济活动可以按照原有的目标井然有序地进行，进而保证各项经济管理目标的实现。现在，在我国的很多企业中经济管理制度建设还存在着诸多管理方面的问题和不足，甚至有些企业在经济管理的过程中就是靠着企业管理者的经验和直觉进行管理，缺少经济管理制度的指导文件；有的企业建立了经济管理制度，但是建立的经济管理制度没有完善好，还是存在着很多问题，而且对于现有的经济管理制度落实力度也明显不够。这些问题的存在导致企业的经济管理制度执行力下降，并不能有效促进企业经济管理水平的提高。

2. 新的形势下我国企业经济管理的出路

（1）重视企业人力资源管理。人力资源是企业经济发展的第一资源，重视企业人力资源管理，充分调动员工的积极性是企业发展获得成功的关键。企业人力资源部门是对企业员工进行组织管理的专门机构，而合理的人员任用和岗位分配，以满足企业经济发展需要是人力资源部门的主要工作任务。从企业经济发展的全局角度考虑，企业人力资源部门应当充分地发挥招人、用人、留人的作用。具体来讲，人力资源部门的工作应当服从于企业经济发展的大局，积极为企业招聘合适的人才、紧缺的人才。用人是人力资源部门要根据工作岗位的特点和员工的能力结构，以最大化地发挥员工的才能和满足工作岗位的要求为目的，做好人员分配和岗位分配。留人就是要根据市场的条件满足优秀员工的需求，使优秀员工愿意为企业工作。

（2）尽快建立适合企业现状的经济管理制度。经济管理制度是企业进行日常经济管理的依据，是保障企业经济目标实现的规章制度。企业要想取得较好的发展，首先应对自身的情况有一个全局的了解，弄清楚企业的不足和企业的优势，根据企业现有的不同工作岗位和工作任务制定符合实际情况的管理制度，把企业的各项工作流程化、规范化，使企业的一切经济活动有章可循。为保障企业的经济管理工作按照管理制度顺利实施，监督制度也是必需的。企业应当对员工的日常行为和工作规范进行约束，对于经营管理过程中出现的问题及时进行处理，及时响应、合理处理，才能尽量减少企业损失，确保企业发展的持续性和快速性。

（3）转变经济管理理念，适应新的发展要求。转变企业经济管理理念是新

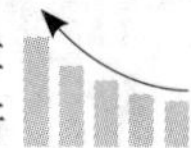

的市场形势和新的发展趋势对企业经营管理的要求。企业经济管理想要作出成绩，首先必须对企业的经营管理理念作出调整。一方面，企业管理者要对经济管理的重要性有一个深刻的认识，在经营管理决策制定过程中要具有长远的眼光和全局的视野，不能仅仅关注短期的眼前的利益，应当从长远发展的角度考虑问题。另一方面，只有企业管理者认识到经济管理的重要性还不够，还需要通过各种培训教育和宣传手段，让全体企业员工对经济管理的重要性有一个清醒的认识。通过各种有效途径不断更新他们的工作观念，使其在具体的工作过程中能够自觉规范自己的行为，主动地遵守企业的经营管理制度规范。

（4）加强企业文化的建设。企业的经济管理要以人为本，要想企业的工作人员有凝聚力，就要注重企业文化的建设，通过多种宣传方式将企业文化灌输到每位员工的思想中去，这样才能够让他们更加积极努力地工作。

二、新媒体时代企业经济管理的长尾战略

（一）“长尾”的内涵

关于长尾理论的研究始于美国学者克里斯·安德森，但关于长尾理论至今尚无正式定义。安德森认为，要理解长尾理论，首先要了解其三个关键组成部分：第一，热卖产品向利基产品的转变；第二，富足经济；第三，许许多多小市场聚合成一个大市场。其他学者对长尾的定义进行了各种诠释。瑞克·弗格森和凯里·哈维卡发现，通过特殊的市场法则（长尾原理），公司不仅能保留原有的顾客，而且能捕获新的顾客，特别是那部分不在头部的 80% 顾客将成为利润的主要来源。

国内学者认为，长尾经济是内部和外部范围经济的结合，但长尾经济却不等于范围经济，长尾经济甚至可以不是范围经济，而是差异经济、个性化经济、创意经济等异质性的经济。企业界一直奉行的“二八定律”，随着互联网的崛起也许将被打破，99% 的产品都有机会销售，这就是长尾效应。而另一些研究人员认为，长尾理论是指在网络化、电子数据管理条件下，研究以最低的成本生产和推广宣传产品，以最高的质量搜索和找到产品，以边际成本效益的改变影响潜在市

场利润空间出现并产生新的具有差别化和异质化的可交换市场的理论。

（二）长尾战略的优势

1. 长尾产品需求的范围经济效应

首先，效用与需求的同向依赖关系决定需求曲线向右下方倾斜。需求曲线向右下方倾斜是经济学的基本假设之一，其意指需求量与价格负相关。长尾理论通过摆脱现有市场中与对手的竞争和博弈，在现有产业之外开创蕴含庞大需求的利基市场空间，进入全新的领域，商品或服务所蕴含的效用价值成为影响需求的决定性因素，价格为次要因素。换句话说，在长尾利基市场里，消费者更多关心的是效用价值，而不是价格。

其次，范围经济属于特殊形式的长尾经济，但长尾经济却不完全等于范围经济。长尾经济专注于各种不同的消费需求，不是瞄准现有市场“高端”或“低端”的消费者，而是面向大热门市场之外的潜在需求的买方大众，通过细分市场以及专注区分消费者的差别来满足其偏好，致力于大多数消费者的个性化需求，最后通过整合细分市场，整合不同消费者需求的共同之处来重新定义自己的产品。与范围经济相比，长尾的“范围经济”不限于同一企业内部，可以是产业集群，也可以是非地域性的全球协作。

最后，引导消费者去探索，通过消费者的个性化需求拉动产品消费。长尾理论通过在大众化产品之外提供众多的个性化定制，从而做到区别对待每一位消费者，这就是推动型模式与拉动型模式之间、广泛性与个性之间的差别。如推荐是娱乐业一种非常有效的市场营销手段，其使得那些低成本电影和非主流音乐能够找到自己的观众群与听众群。推荐能让消费者得到性价比更高的、更准确的其他产品信息，激发他们进一步探索的兴趣，从而创造出一个更大的娱乐市场。

2. 长尾产品供给的规模经济效应

（1）长尾产品是向右下方倾斜的供给曲线。一般产品的供给曲线都是朝右上方倾斜的，供给量与产品价格呈同向关系。长尾理论认为，价格已经从第一位的影响因素退化为次要因素，并被成本取代，生产者更关心的是产品成本的多与少，而不是价格的高与低。成本越低，则供给越多；反之，成本越高则供给越少，

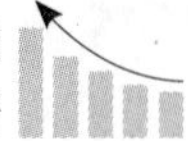

两者呈反向背离关系。

（2）长尾产品供给的正向回馈经济效应。传统的大规模生产，是生产方规模经济，是一种负向回馈经济，是一种牛顿式的制衡系统，是通过价格调整来恢复平衡的机制。长尾经济中则是一种达尔文式的制衡系统：当需求增加时，生产将具有更高的效率及更高的报酬，效率的提高导致价格下降，从而创造了更大的需求，更大的需求又创造更多的供给，这是一种正向回馈经济。正反馈与正外部性是需求方规模经济的基础，正反馈从需求角度理解就是需求曲线向右上方倾斜，即消费越多需求越大。

（3）长尾理论个性化、差异化产品供给下的规模效应。传统经济理论认为，提高经济效益的根本途径是规模经济效应，即扩大生产规模，优化资源的配置，降低产品单位成本，扩大市场所占份额，然而市场达到一定规模后，边际成本呈递增态势。长尾理论向产品供应商灌输了这样一个理念，即在消费需求日益多样化的今天，应当重视消费者的个性化、差异化需求，并在低成本生产、渠道营销和有效传播方面加大力度满足这个需求。一方面要满足消费者个性化需求；另一方面要思考如何实现企业的经济增长，以及成本降低。

（三）长尾战略在中小企业中的应用

1. 对企业消费者群体的细分

传统的“二八定律”在企业市场营销中主要精力集中在“二”上，而鲜少关注另外的“八”，这显然是“丢了西瓜捡了芝麻”，而长尾理论的提出是对企业的市场定位进行重新一次的洗牌。为什么企业要更关注“八”呢？因为在存储和流通空间足够大的时候，更多的大众对象就像一片很广阔的分散的区域，如果可以把握这一块区域，收获将不一定比集中的区域少。长尾理论是基于信息技术兴起所带来的信息流储存、交流成本的急剧降低所形成的一种新的理念，为企业提供了新思路。

首先，企业对于市场需要重新细分，根据不同消费者群体间的需求差异划分不同的市场，如可以划分为普通消费群体、贵宾消费群体、中低端消费群体、高端消费群体。其次，选择针对每一不同的消费群体开发一种适用的产品。最后，企业依据自身的情况选择服务于其中的一个或少数几个细分市场或利基市场。为不同的细分市场提供多种不同产品的企业可以更好地满足广泛的消费者需求。由此产生的结果则是，如果它对产品进行了正确的定价，消费者需求将会上升，来自整个市场的收入比只生产一种产品时更多。

2. 对企业消费者关系的有力辅助

在现实的顾客关系管理过程中，除了与企业具体营销业务本身的成熟度有关外，还与企业所从事的具体营销业务所处的竞争环境相关。尤其是中小企业受到资源的限制，所获得信息明显不对称，那么此时选择长尾战略无疑是扬长避短，中小企业可以以顾客数量为突破口，抓住顾客关系中占多数的“八”。

市场越接近于完全竞争状态，越要重视大多数包含中小顾客的利基市场。随着全球经济市场化程度的不断加深，长尾理论在顾客关系管理中起着越来越重要的作用。在具体的顾客关系管理中要求中小企业审时度势、抓大放小，短期内抓住重点，重视单个顾客业务的绝对数量以及大量中小顾客的利基市场，把服务做到最细微处。这要求企业不仅有充分的逆向思考的管理思想，更重要的是还应具有与实现这种管理逻辑相匹配的服务能力。

3. 对企业市场营销的重新定位

在网络经济下，由于技术、资源等诸多原因，中小企业在热门、大众市场的竞争中明显处弱势地位，无法与大企业抗衡。而热门市场的过分拥挤将导致产品的滞销以及市场的消亡。另外，在富足经济状态下，少数的大众主流产品不能满足消费者个性化的需求，大量利基市场生产的非主流、热门产品正走向消费者。

在传统工业经济下，由于行业供给未达到饱和，企业可以集中全部资源开发热门市场。但目前随着技术的发展，市场的供给日益饱和，企业的生产能力开始过剩，所谓的“热门市场”“热门产品”变得并不“热门”，市场价值潜力渐失。相反，长尾市场在新的商务运营环境中的潜力日益凸显，因此开发长尾市场在中小企业的市场营销定位中显得尤为重要。

放弃热门市场，采用蓝海战略不失为中小企业一个明智的选择。根据中小企业自身的竞争优势，选择并尽早进入一个或多个非主流的小众市场，能更快地使企业自身处于竞争的优势地位。

4. 推进企业信息化技术的应用

长尾市场具有的边缘化、小规模等特性都非常符合当前市场上中小企业及其产品的特征。中小企业由于其自身的劣势，要想抗击大企业，必须采用信息化技术帮助企业更快地掌握市场动态。同时，今天的信息技术使得企业之间可以较低的成本快速地传递信息，在某种程度上，这意味着过去的高度集中变得没有那么必要，企业可以选择专注于自己所擅长的领域与环节。所以，从这一点上看，大量的专业化的小企业会诞生。另外，长尾理论也促进了中小企业的信息化应用发展。

三、新媒体时代企业经济管理的大数据战略

大数据发展对企业经营管理的各方面都产生了深刻影响。管理学界对大数据的影响已有敏锐的洞察，学者们开始重视并试图分析其对企业管理各方面潜在的影响。学者们对大数据影响的讨论与分析主要聚焦于营销管理领域。例如，美国零售业巨头西尔斯公司通过收集来自不同品牌的数据，进行深度分析，使企业的推销方案变得更快捷、更精准。学者们对大数据的分析之所以聚焦于营销管理领域，与大数据主要产生于消费者的访问、交易和评价记录有关。国际商业机器有限公司中国开发中心首席技术官曾指出，大数据不再是商业活动的附属品，大数据对企业而言，如同石油一样重要，收集、整合、分析、利用、校准大数据，每一个环节都体现了全新的商业能力。企业高管应重视大数据的价值，将其视为一种竞争要素和战略资源。

（一）传统战略思维的特点

战略思维是指企业决策者摆脱日常管理事务，获得对组织不同愿景规划以及环境变化的认识。战略思维的本质是企业决策者关于企业战略的决策思维，关系到企业战略决策的成败。战略思维的形成，始于战略决策者对企业及其所处的客观环境的认知。企业战略思维形成的认知要素，在不同发展阶段具有不同的侧重点。20 世纪 60 年代，其研究的重点是“企业外部市场机遇及企业内部能力”；20 世纪 70 年代，其研究的重点是“企业外部环境的不确定性”；20 世纪 80 年代，

其研究的重点是“企业利益相关者，企业所处行业的五种竞争力量，以及顾客、企业、竞争对手”；20 世纪 90 年代，其研究的重点是“企业核心竞争力”。根据不同年代战略思维认知要素所包含的维度不同，可以把战略思维模式分为一元战略思维（20 世纪 70 年代的“环境”战略思维，20 世纪 90 年代的“核心竞争力”战略思维）、二元战略思维（20 世纪六七十年代的态势分析法思维）、三元战略思维（20 世纪 80 年代的“顾客—企业竞争对手”思维）、五元战略思维（20 世纪 80 年代的“五力模型”思维）和 N 元战略思维（20 世纪 80 年代的利益相关者思维）等。

已有文献基于对战略思维认知要素的分析，区分了战略管理理论兴起后的战略思维模式。战略管理的本质实际上是要重点思考三个问题：企业在哪里？企业将要去哪里？企业何时竞争？即企业如何利用自身有效的资源或资产，在充满竞争的环境中，满足顾客的需求，从而实现价值的创造。下面从资源、竞争、顾客三方面出发，考察大数据对“以资源为本”、“以竞争为本”和“以顾客为本”三种战略思维的影响及其表现出来的主要特征。

（二）大数据对传统战略的影响

1. 对“以资源为本”战略思维的影响

沃纳菲尔特在其发表的《企业的资源基础论》中提出，企业的组织能力、资源和知识的积累，是企业获得并保持竞争优势的关键。此后，巴尼等学者进一步指出，企业是一系列资源的集合，企业所控制的有价值的、稀缺的、不可模仿的、不可替代的资源和能力，是企业获得持续竞争优势的关键。在此基础上，普拉哈拉德和哈默在《哈佛商业评论》上发表《企业的核心竞争力》一文，认为企业提供产品或服务的特殊能力是基于其核心能力的，企业核心竞争力是企业可持续竞争优势的来源，不应将企业看作不同资源配置下的不同业务组合，而应将企业看作隐藏于业务组合背后的、更深层次的核心能力的组合。

企业只有基于所拥有的资源而不断构建、培育和巩固其核心能力，才能获得可持续的竞争地位。基于核心能力的战略思维，实质上是以资源为本的战略思维模式的扩展和动态化，虽然两者存在差异，但都强调竞争优势的内生性。在以资

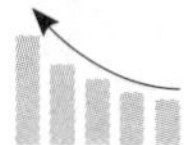

源为本的战略思维指导下，企业决策者愈加重视企业是否拥有不同于竞争者的独特资源，是否具有超越竞争对手的核心能力。

掌握庞大的顾客信息数据，通过创建网络社区等方式与顾客进行实时互动，收集顾客想法、意见并给予及时回应，不断地满足顾客的不同需求，是小米公司快速成长的主要因素。可见，拥有和利用大数据，能够让现代企业获得竞争优势并快速成长。获取大数据和利用大数据创造价值，成为新经济环境下“以资源为本”战略思维需要关注的内容。

一些传统企业缺乏获取并利用大数据的战略思维，导致其在新的竞争环境中失掉了原有的竞争优势。以传统零售行业为例，很多零售企业的结账平台仅用于记录不同货物的销售量、销售金额等信息，缺乏对购买者信息的收集、分析与利用。又如，许多零售门店的监控摄像头仅用来防范偷窃，而不是用来记录顾客信息、分析顾客心理与行为的。万宝龙公司就曾利用监视录像记录进店顾客的不同表现，然后让有经验的销售人员分析和判断，并将相关的知识体系制成软件，协助一线销售人员进行销售，使一线销售人员知晓什么时候该与顾客攀谈，什么时候让顾客自己挑选等，结果使单个门店的销售额提升了 20% 以上。

在大数据背景下，企业与外界环境之间的边界日益模糊，信息共享和知识溢出成为企业与利益相关者之间合作竞争和协同演化的主要方式。在这样的竞争背景下，信息和知识成为企业管理中的重要生产要素，也是决定企业创新力的关键。基于大数据平台与外界建立社会网络，从外界获取有价值的信息，是企业获得竞争优势的关键。因此，重视大数据这种战略资源，积极获取、利用这种战略资源以获得竞争优势，是“以资源为本”战略思维需要拓展的重心。

2. 对“以竞争为本”战略思维的影响

“以竞争为本”战略思维的产生，源于 20 世纪 80 年代以迈克尔·波特教授为代表的学者提出的竞争战略理论。在该理论的指导下，竞争成为企业战略思维的出发点。竞争战略理论认为，行业的盈利潜力决定了企业的盈利水平，而决定行业盈利潜力的是行业的竞争强度和行业背后的结构性因素。因此，产业结构分析是建立竞争战略的基础，理解产业结构永远是战略分析的起点。企业在战略制定时重点分析的是产业特点和结构，特别是通过深入分析潜在进入者、替代品威胁、产业内部竞争强度、供应商讨价还价能力、顾客讨价还价能力五种竞争力量，来识别、评估和选择适合的竞争战略，如低成本、差异化和集中化竞争战略。在这种战略理论的指引下，企业决策者会逐渐形成“企业成功的关键在于选择发展前景良好的行业”的战略思维。

伴随着大数据时代的到来，产业融合与细分协同演化的趋势日益呈现。一方面，传统上不相干的行业之间，通过大数据技术有了内在关联。例如，阿里巴巴已涉足金融、物流、云计算等行业，传统的零售企业也已开始从事电子商务。大数据平台的构建，以及对大数据的挖掘和应用，促进了行业间的融合。另一方面，在大数据时代，企业与外界之间的交互更加密切和频繁，企业竞争变得异常激烈，广泛而清晰地对大数据进行挖掘和细分，找到企业在垂直业务领域的机会，已经成为企业脱颖而出、形成竞争优势的重要方式。在大数据时代，产业环境发生深刻变革，改变了企业对外部资源需求的内容和方式，同时也改变了价值创造、价值传递的方式和路径。因此，企业需要对行业结构，即潜在竞争者、供应商、替代品、顾客、行业内部竞争等力量进行重新审视，进而制定适应大数据时代的竞争战略。

3. 对“以顾客为本”战略思维的影响

伴随着 20 世纪 90 年代产业环境动态化、顾客需求个性化等发展趋势，以顾客为本的战略思维模式逐渐形成。这种思维模式的核心是，强调企业的发展必须以顾客为中心，无论是增强自身能力还是拓展市场，都要围绕顾客需求展开。研究顾客需求、满足顾客需求是这种战略模式的出发点。在这种战略理念的指引下，企业决策者意识到，要想获得竞争优势，就要比竞争者更好地发掘并满足顾客需要，创造独特的顾客价值。

在大数据时代，“以顾客为本”的战略思维也需要有新的变革。围绕顾客需求和企业的产品价值链，大数据时代的一个突出特点是社会互动的深刻影响。从新产品开发、测试到新产品的投放，社会互动都扮演着日益重要的角色。例如，在新产品开发阶段，小米公司的 MIUI 系统开发与上千万 MIUI 用户的互动，是产品创新的智慧来源。又如，美国某 T 恤衫销售公司，每个员工都可以向其公司网站上传自己的设计，然后由网络用户对产品设计进行投票，公司最后决定生产

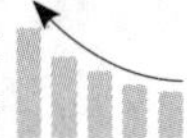

并销售得票率最高的T恤衫。英国的一家家具企业则通过其网站来测试消费者对每种新产品的看法，经过投票产生前五名新产品，然后向市场正式推出这些新产品。在营销层面，当今的电子商务平台，无论是国外的亚马逊，还是国内的淘宝、京东，都对网络口碑高度重视。网络口碑的实质就是顾客之间对产品看法和意见的互动，后续消费者会根据已有的口碑进行消费决策，互动口碑已经成为产品营销的战略举措。

关于大数据时代顾客价值创造方式分析的一个共同特点是，价值创造的主体变得模糊，社会互动日益突出。传统的“以顾客为本”的战略思维，强调的是企业需要洞察市场、洞察顾客需求，进而设计新产品或改进已有产品，满足顾客需求并创造价值。大数据技术的发展，使社会互动能够被观察和有效控制。因此，大数据对“以顾客为本”战略思维的影响，主要表现在重视企业和利益相关者的社会互动上，如同供应商互动设计更好的零部件，同顾客互动设计新产品、测试新产品、推销新产品。企业与利益相关者的互动，会以更高的性价比创造价值，满足顾客需求，从而获得竞争优势。

（三）大数据时代战略的思维

在大数据时代，应该有大数据的思维方式。根据美国西北大学凯洛格商学院陈宇新教授的论述，大数据时代的“大数据战略思维”特征主要表现为，定量、跨界、执行和怀疑。

1. 定量思维

定量思维是指“一切都可测量”。虽然现实经营管理的情况不是都可以测量的，但是企业决策者要持有这样的理念。例如，现在很多餐饮连锁企业都有消费会员卡，但是一般只记录顾客的消费金额，关于顾客消费什么则并没有记录。如果有了这样的记录，每个顾客来消费时，就不仅可以判断他的消费水平，也能分析他的消费偏好。管理者如果具备定量思维，秉承一切都可测量的思想，记录有用的顾客信息，将会对企业的经营和战略决策产生积极作用。

引领企业实现大数据转型的企业决策者，在进行企业重要决策时，应该养成看“数据怎么说”的思维习惯。参考数据分析结果进行管理决策，既能有效避免仅凭直觉判断的不足和风险，也能改变企业内部的决策文化，将企业经营模式从依靠劳动生产率转移到依靠知识生产率上来。

2. 跨界思维

跨界思维是指“一切都有关联”。企业经营的各方面之间都有相关性，应该发挥企业决策者的想象力，将看似不相干的事物联系起来。例如，移动终端和个人计算机终端的跨界，微信、社交网络跟电子商务的跨界。通过跨界能够开创新的商业模式，构建新的价值链。

如果说通过大数据挖掘消费者需求考验的是企业的洞察力，那么高效地满足客户需求考验的是企业内在的整合与优化能力。企业要想获得价值最大化，就要善于利用大数据提升价值链的效率，对其商业模式、业务流程、组织架构、生产体系等进行跨界整合，以进一步提升为客户服务的效率和企业竞争力。基于大数据的思维不仅可以提升企业的内在效率，还能帮助企业重新思考商业社会的需求，从而推动自身业务的转型，重构新的价值链。阿里巴巴集团就是充分利用大数据，成功地由一家电子商务公司转型为金融公司、数据服务公司和平台企业，它的转型给金融、物流、电子商务、制造、零售行业带来了深刻影响。

3. 执行思维

执行思维是指“一切都可利用”。执行思维强调充分地发掘、利用大数据。企业收集了大量的数据，但存放着不利用属于资源浪费。企业应该注重实效，将大数据蕴含的市场信息发掘出来，并执行下去，及时对市场和利益相关者作出反应。在大数据时代取得成功的企业，并不是简单地拥有大数据，而是通过对大数据的分析，发现市场机会，从而开发新的市场。企业依托大数据分析获得的创意，为市场提供相当独特的产品和服务，通过高效的组织运作与执行，最终赢得顾客、赢得市场。

4. 怀疑思维

怀疑思维是指“一切都可试验”。企业获取了大数据，进行分析获取一定信息之后，有时会导致决策产生更大的偏差。有了数据的支持就觉得实际情况就是如此，从而忽略了深入的思考。实际上，有的时候数据会产生误导，所以不能对

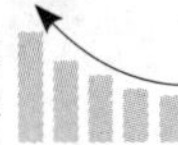

数据有盲从的思想，相应地，还要有怀疑与试验的思想。例如，航空公司经常根据顾客在本公司的消费情况计算其顾客价值，进而根据顾客价值的大小采取不同的营销策略。假如A顾客在某航空公司年消费金额为2000元，公司可能将其归类为低价值顾客，实际上该顾客在其他航空公司年消费额超过2万元。面对这样的情形，航空公司仅仅根据自己掌握的顾客消费数据进行决策，难免会产生错误或偏差。因此，管理者还需要有怀疑与试验思维，要思考其获得的大数据是否全面，来源是否精准，不能盲目认为只要拥有大数据，就能够进行精准的决策。

基于以上分析，根据麻省理工学院安德鲁·麦卡菲教授提出的“企业2.0”理论可知，大数据时代应发展大数据战略思维，同时应该将传统的战略思维升级到2.0版本，体现大数据时代的战略思维特征。

在大数据时代，消费者的决策方式、购买行为等发生了显著变化。为此，企业经营管理过程中的战略思维应该进行变革。一方面，要对传统以资源、竞争和顾客为本的战略思维进行升级拓展；另一方面，要发展并形成全新的大数据思维。

企业的战略思维涉及企业管理的最高层次，关乎企业的生存与发展前景。当代企业决策者要想获得商业成功，要构筑百年基业，就要具备大数据时代的战略思维。许多成功企业的经验证明，正是企业领导层具有大数据时代的战略思维，引领企业开创了新的商业模式、新的价值创造方式，更好地为顾客、为社会创造了价值，才最终成就了企业的爆发式增长。因此，升级传统战略思维，构建大数据战略思维，开展体现大数据时代思维特征的战略管理工作，是企业可持续发展的重要条件。

第四节　知识经济背景下企业经济管理的创新

一、知识经济的内涵

通俗地讲，知识经济（The Knowledge Economy）就是以知识为基础的经济发展模式。可以说，知识经济是人类知识，尤其是科技方面知识的历史产物。1982

年，约翰·奈斯比特在其著作《大趋势》中提出了“信息经济”的概念，而美国的经济学家罗默和卢卡斯根据信息经济的概念，提出了新经济增长的理论。其中，罗默把知识的积累当成经济增长内在的独立性因素，认为借助知识能够提高投资的效益，因此，知识的积累是当前经济增长重要的动力源泉。而卢卡斯则认为，技术进步与知识积累的主要投射点应为人力资本。在他的新经济增长理论中，所有特殊的、专业化的、表现为劳动者技能的人力资本者才是真正促进经济增长的动力源泉。

在实际的生活中，知识是指人类在社会和生活中所创造出来的一切知识与技能的总称，其中包括科学技术、管理以及行为科学方面的知识。在传统经济管理思想中，劳动力、原材料、资本和能源是影响生产的重要内因，而知识与技术是影响生产的重要外因，知识能提高投资人的投资回报率，反过来，良好的投资回报又能促进知识的积累。因此，联合国经济合作与发展组织将知识经济的定义概括为：建立在知识与信息的生产、分配及使用方面的经济。

在实际生活中，知识经济与信息经济既有着较为密切的联系，又有着一定的差别。这是因为知识经济的关键在于创新能力，只有通过信息的共享，同时与人的认知能力相结合，才能产生相应的效果，并促进新知识的出现。所以，知识经济更注重人类智能的发展。因此，信息经济为知识经济的发展提供了基础和必要的支持。

二、知识经济背景下企业创新经济管理的意义

在企业生产经营的过程中进行经济管理是为了达到一定的目标而制定并实施的一系列规则的过程，其本质是一种社会活动，其作用是调动企业员工工作的积极性，提高企业的经济效益。随着社会经济的发展，当前我国已经步入了知识经济时代，传统的企业经济管理方式已经不能适应时代的发展，无法保证企业在激烈的市场竞争中继续健康、稳定和可持续地发展。因此，在当前情况下，只有创新企业的经济管理模式，使企业明确发展的目标和方向，同时，创新企业的各项规章制度，激发员工工作的积极性，促使他们发挥出自身的主观能动性，才能为

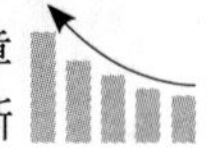

企业创造更多的经济价值，在激烈的市场竞争中赢得更好的发展，同时这样也能促使员工获得更好的发展。

三、基于知识经济的企业经济管理创新策略

（一）更新企业经营理念

在知识经济时代，企业要想创新经济管理的模式，首先要更新经营的理念，为知识经济发展营造出良好的环境和氛围。部分企业的经营管理模式已经滞后于时代的发展，但其管理者仍然抱残守缺、不思进取，这样就严重阻碍了企业的经济管理模式创新。因此，在知识经济时代，企业必须更新生产经营的理念，重视信息技术在企业生产经营以及管理中的应用；引入大量的具有创新意识的高素质复合型人才，为企业的发展注入新鲜的血液；创新企业经济管理的制度，激励员工发动自身的主观能动性，正确认识个人的利益、个人的发展与企业的利益以及企业的发展之间的关系，从而实现企业各方面的创新发展，为企业的健康、可持续发展营造出良好的氛围。

（二）制定完善的企业管理制度

在知识经济时代，企业要想创新经济管理的模式，必须制定完善的企业管理制度，这是企业创新经济管理方式最重要的内容，也是企业创新发展基础性的工作。在企业的管理工作中，完善的管理制度是保障企业各环节工作有序运行的基础和前提，所以，创新管理制度也就意味着企业创新了管理的工作方式，这样一来，就能在经济新常态下整合企业的内部资源，实现供给侧结构性改革的进一步深化，从而促使企业能够满足市场经济的变化和实时需求。因此，基于知识经济的企业经济管理创新与实践就必须坚持“以市场为导向”的原则，制定完善的企业经济管理制度，构建完善的企业组织结构，使纵深化管理转变为扁平化的管理，增加上下级之间的交互，从而有效提高企业经济管理的运营效率，促进企业的健康、可持续发展。

（三）重视知识人才的培养

在知识经济时代，人才是企业发展最可靠的载体，为此，企业必须重视人力资源建设，重视知识人才的培养。为此，企业应从以下几个方面着手：首先，企业的高层管理人员必须具备创新的理念，能够利用更具创新精神的人性化管理理念开展企业的管理工作，从而营造出重视人才并尊重人才的良好氛围，这样一来，就能充分激发并调动企业员工工作的积极性，促使他们发挥出自身的主观能动性，将自身的知识转变成生产力，提高企业生产经营的效率；其次，企业还要定期对员工的创新性思维进行培训，使员工充满激情地投入工作；最后，企业还要适当引入人才，如利用猎头公司挖掘适合企业创新发展的优秀人才，以增强企业的竞争能力，实现人力资源管理工作的创新。

（四）制定健全的人才激励制度

在知识经济时代，企业要想实践并创新经济管理模式，还必须制定健全的人才激励制度。在实际工作中，激励制度的作用主要体现在两个方面，一个是制约，另一个是保护。其中，制约是在构建人才激励制度的过程中，促使员工了解并明确知识共享的重要性；而保护则是指进行有条件的知识共享，促使知识所有人能够获得一定的回报，同时也能获得相应的发展。

参考文献

[1] 孙贵丽 . 现代企业发展与经济管理创新策略 [M]. 长春：吉林科学技术出版社，2022.

[2] 麦文桢，陈高峰，高文成 . 现代企业经济管理及信息化发展路径研究 [M]. 北京：中国财富出版社，2020.

[3] 司倩蔚，蔡回辽，孙美玲 . 财务管理与经济发展研究 [M]. 长春：吉林科学技术出版社，2021.

[4] 陈莉，张纪平，孟山 . 现代经济管理与商业模式 [M]. 哈尔滨：哈尔滨出版社，2020.

[5] 栗继祖 . 经济与管理科学导论 [M]. 北京：高等教育出版社，2020.

[6] 高军 . 经济管理前沿理论与创新发展研究 [M]. 北京：北京工业大学出版社，2019.

[7] 王玲芝，刘红侠 . 多元视角下的经济管理原理与实践探索 [M]. 北京：中国财政经济出版社，2020.

[8] 王业篷，宫金凤，赵明玲 . 现代经济与管理的多维度探索 [M]. 长春：吉林人民出版社，2022.

[9] 李宝敏 . 现代事业单位财政税收与经济管理研究 [M]. 北京：中国商业出版社，2022.

[10] 吕振威，李力涛 . 企业经济管理模式规范化与创新研究 [M]. 长春：吉林科学技术出版社，2021.

[11] 陈晶 . 经济管理理论与实践应用研究 [M]. 长春：吉林科学技术出版社，2022.

[12] 莫笑迎 . 新时代经济管理创新研究 [M]. 北京：北京工业大学出版社，2020.

[13] 赵扬，焦世奇，赵琪，等 . 经济管理基础 [M]. 北京：电子工业出版社，2020.

[14] 李涛，高军 . 经济管理基础 [M]. 北京：机械工业出版社，2020.

[15] 龚代华 . 科学决策学派：基于独立信息的经济管理模式 [M]. 南昌：江西高校出版社，2021.

[16] 韩军喜，吴复晓，赫丛喜 . 智能化财务管理与经济发展 [M]. 长春：吉林人民出版社，2021.

[17] 魏震，王玉霞，郑晶晶 . 经济可持续发展与贸易管理研究 [M]. 哈尔滨：哈尔滨出版社，2022.

[18] 王道平，李春梅，房德山 . 企业经济管理与会计实践创新 [M]. 长春：吉林人民出版社，2020.

[19] 莫天生，唐力，何岱眉 . 行政管理服务与经济发展研究 [M]. 长春：吉林人民出版社，2022.